Christina Feirer – Likest du noch oder lebst du schon?

Christina Feirer

LIKEST DU NOCH ODER LEBST DU SCHON?

Über den achtsamen Umgang
mit dem Smartphone

www.kremayr-scheriau.at

ISBN 978-3-218-01306-2
Copyright © Verlag Kremayr & Scheriau GmbH & Co. KG, Wien
Alle Rechte vorbehalten
Schutzumschlaggestaltung, typografische Gestaltung und Satz:
Sheila Ehm, unter Verwendung einer Illustration von Nadia Snopek / Shutter-stock.com
Kernillustrationen: S.R. Ayers
Lektorat: Stefanie Jaksch
Druck und Bindung: Druckerei Florjančič tisk d.o.o., Maribor

Inhalt

Schöne neue Oberflächen

W enn ich durch die Straßen gehe, schaue ich mich sehr gerne um und beobachte. Oftmals sehe ich Menschen, deren Blick auf ihr Smartphone gerichtet ist. Am Gehsteig schlendernd, an der Bushaltestelle sitzend oder an der Supermarktkasse wartend. Im Café und Restaurant wird das Smartphone schnellstmöglich auf den Tisch gelegt und immer wieder ein Auge darauf geworfen. Sobald das Gegenüber für wenige Minuten die Toilette aufsucht, werden Nachrichten beantwortet. Im Urlaub in einer schönen Unterkunft angekommen, wird ein Kurzvideo des Meerblicks aufgenommen, um es mit dem weltweiten sozialen Netzwerk zu teilen.

Gibt es einen rationalen Grund dafür, dass wir uns freiwillig und permanent von Nachrichten anderer Menschen und von Netzwerken leiten und fremdbestimmen lassen? Im Alltag, wenn es sich weder um einen Notfall noch um einen Bereitschaftsdienst handelt, bin ich davon überzeugt, dass die exzessive und selbstverständliche Nutzung unseres Smartphones in vielen Fällen ein Automatismus ist, der überhandnimmt. Wir lassen uns bereitwillig ablenken – und zwar davon, uns mit uns selbst auseinanderzusetzen und herauszufinden, wie es uns tatsächlich geht. Und davon, wie wir unser Leben führen wollen.

> Wir lassen uns lenken, leiten und führen – ein Leben auf Autopilot, das weder unseren wahren Wünschen noch unseren Bedürfnissen entspricht.

Exzessives Smartphone-Verhalten ist gesellschaftlich angesehen. Es ist schick, modern und gilt gemeinhin als normal. Doch wie „normal" ist dieses Verhalten wirklich – und wie viel trägt es tatsächlich zu deinem erfüllten Leben bei?

Ganz ehrlich: Vor einigen Jahren kreisten auch meine Fragen und Gedanken ständig um Likes, Follower und Posts. Doch meine ständige Erreichbarkeit fühlte sich immer unstimmiger und unnatürlicher an. Nach und nach wurde mir klar, dass ich mich auf den sozialen Netzwerken unbewusst mit den anderen verglich. Ich realisierte, dass ich Beiträge und Fotos veröffentlichte, nur um zu zeigen, wer ich angeblich bin und was für ein großartiges Leben ich doch führe. Und genau dafür wollte ich Anerkennung. Es schien, als wäre ich abhängig von den Interaktionen und Apps meines Smartphones: soziale Netzwerke, Nachrichtendienste und Co. gehörten zu meinem Leben einfach dazu. Doch mir wurde klar: Ob ich mir diese Fessel der Fremdbestimmung auferlege oder nicht, ist allein meine Entscheidung.

Dieses Buch soll aufwecken und zum Nachdenken anregen. Es soll dich dazu inspirieren, was gesellschaftlich als normal gilt zu hinterfragen und auch dein eigenes Verhalten zu beleuchten. Es soll dich dazu ermutigen, Schöpfer deines eigenen Lebens zu werden und dieses aktiv nach deinen Vorstellungen und Visionen zu gestalten. Denn du verdienst es, deine Lebenszeit auszukosten und mit vollem Herzen zu leben.

Ein gewöhnlicher Start in den Tag?

Stell dir vor, es ist 6:45 Uhr. Du öffnest deine Augen, die Sonne scheint, erhellt dein Schlafzimmer und ihre Strahlen leuchten dir sogar direkt ins Gesicht. Du fühlst dich wohl, weil du gut geschlafen hast und weil ein neuer Tag und somit neue Möglichkeiten auf dich warten. Du reckst deinen Körper, bringst Lebensenergie in jede Zelle deines Körpers und streckst deine Hand aus. Ganz automatisch tastet deine Hand nach dem kleinen rechteckigen Teil, das gleich auf Augenhöhe am Nachttisch liegt: nach deinem Smartphone. Ein Klick auf den Home Button genügt, um zu sehen, dass bereits unzählige Instagram-, Facebook-, Twitter- und WhatsApp-Benachrichtigungen auf dich warten. Die Vorschau gibt dir einen Ausblick, welche Menschen an dich gedacht haben. Dieser eine Klick genügt auch, damit du auf einen Blick die weltweit wichtigsten Geschehnisse seit gestern Abend im Überblick erfährst. Ebenso bist du darüber im Bilde, was Arbeitskollegen in Übersee auf dein gestriges Mail geantwortet haben. Und nicht zu vergessen: Durch diesen einen Klick unterstützt dich dein Lieblings-Onlinehandel dabei, seine täglichen Angebote nicht mehr zu übersehen. Sogar noch besser: Du wirst dabei unterstützt, dass du die Angebote mit wenigen weiteren Klicks einfach und unkompliziert zu dir nach Hause geliefert bekommst. All diese Informationen erhältst du innerhalb weniger Sekunden.

Du verschickst Herzen und schreibst kurze Kommentare. Du verteilst großzügig Likes in sozialen Netzwerken und entdeckst neue, ansprechende Profile. Es scheint, als stünde dir die Welt offen. Du stehst in Kontakt mit Menschen auf der gesamten Welt, die dir Einblicke in ihr persönliches und scheinbar perfektes Leben gewähren. Du scrollst, bist fasziniert von den Erlebnissen anderer Personen. Es ist, als wärst du in einen Bann gezogen worden – und das so schnell und automatisch, dass du es gar nicht bewusst mitbekommen hast.

Die Zeit bleibt bekanntlich nicht stehen. Verblüfft schaust du auf deine Uhr ganz oben am Smartphone-Bildschirm und realisierst, dass es bereits 7:15 Uhr ist. Wie kann es sein, dass bereits 30 Minuten vergangen sind, seitdem du deine Augen geöffnet hast? Wohin ist die Zeit verflogen? Dabei hast du deine Nachrichten-App, deine E-Mails oder deine heutigen Lieblingsangebote noch gar nicht geöffnet. Du legst dein Smartphone kurz zur

Seite, um es nach dem Aufstehen gleich wieder in die Hand zu nehmen und damit ins Badezimmer zu spazieren.

Das morgendliche Zähneputzen bietet dir eine gute Möglichkeit, um parallel deine E-Mails zu überfliegen und somit bereits ein Gefühl für deinen bevorstehenden Arbeitsalltag zu bekommen. Dein Frühstück nutzt du, um dich von den weltweiten Nachrichten berieseln zu lassen. Schließlich willst du ja informiert sein, bevor du in die Arbeit fährst. Mit diesen Informationen stehst du beim morgendlichen Kaffee mit Arbeitskollegen gut da und kannst mitreden. Flink verschickst du noch ein paar Nachrichten und ein Foto deines Frühstücks an deine Freunde, Familie und diverse WhatsApp-Gruppen. Das machst du, um ihnen einen schönen Tag zu wünschen, ehe du dein Zuhause verlässt und in Richtung Arbeit aufbrichst.

Meine persönliche Smartphone-Reise

Ein ganz gewöhnlicher Start in den Tag? Für mich persönlich beschreibt dieser frühe Morgen eine Routine, die ich viele Jahre sehr intensiv gepflegt habe. Es war für mich das Normalste auf der Welt, gemeinsam mit meinem Smartphone in den Tag zu starten. Schließlich wollte ich verbunden sein: mit der Welt und den Menschen da draußen. Außerdem, so dachte ich, fühlte es sich gut an, bereits in der Früh zu realisieren, dass so viele Menschen an mich dachten. Und sei es nur, dass sie mir ein Like oder ein Herz für eines meiner Postings geschenkt haben.

Den ganzen Tag über hatte ich das Smartphone stets griffbereit, am besten direkt in der Hand, leicht zugänglich in der Tasche oder am Tisch mit laufendem Blickkontakt. Nur so konnte ich sicherstellen, dass ich wirklich nichts verpasste. Push-Nachrichten unterstützten mich dabei, dass ich über jedes einzelne Ereignis sofort informiert wurde und auf jede Nachricht sofort antworten konnte, so dass ich mich über jeden Kommentar und über jedes Herz unmittelbar freute.

Fragen, die während des Tages auftauchten, konnte mir Google über mein Smartphone unmittelbar beantworten. Mit diesem Wissen fühlte ich mich ständig gut begleitet. Auch Langeweile konnte ich fast vollständig aus meinem Leben verbannen. Wartezeiten, die ich in der Vergangenheit als äußerst ineffizient, langweilig und unangenehm empfunden hatte, konnte ich einfach überbrücken. Videos, Fotos oder der Besuch von Profilen meiner Freunde in sozialen Netzwerken verwandelten selbst Wartezeiten zu einem Highlight. Es war, als könnte mein Smartphone jedes Problem lösen und ich genoss die Unterstützung meines zuverlässigen Wegbegleiters von morgens nach dem Erwachen bis spät abends, kurz bevor ich meine Augen schloss und einschlief.

Damals habe ich mein Verhalten nie hinterfragt. Wieso denn auch? Ich schaute mich um und realisierte, dass mein Umfeld und der Großteil der Menschen ein ähnliches Leben führte. Ich wollte am Puls der Zeit leben, und damit war mein Smartphone-Verhalten für mich ganz normal.

Der moderne Mensch wird nun einmal von seinem Smartphone begleitet, sagte ich mir. Und beantwortet Nachrichten nun einmal schnellstmöglich, nachdem sich auf WhatsApp die zwei Häkchen blau gefärbt haben. Außerdem erkennt ja der Algorithmus eine rege Interaktion, was wiederum die begehrte Reichweite steigert. Häufige Interaktion war für mich also notwendig, um online ausreichend gesehen zu werden.

Ich fühlte mich gut und gesellschaftlich anerkannt. Ich „passte" in diese Gesellschaft und in diese Welt. Zumindest glaubte ich das. Und redete mir ein, dass ich mich gut fühlte, dass ich gesehen werde und dass ich dazugehöre.

Der Moment, der die Normalität in Frage stellte

Hin und wieder gab es jedoch Momente, in denen ich mich nicht ablenken konnte. Genau dann nahm ich tief in meinem Innersten, zuerst ganz leise, dann schleichend lauter werdend, eine konträre Stimmung wahr. In mir machte sich Unruhe, Unzufriedenheit und Leere breit. In diesen Augenblicken spürte ich, dass ich mich, aus zumindest zunächst unerklärlichen Gründen, wie gefangen, fremdbestimmt und unfrei fühlte. Damals konnte ich diese Gefühle nicht zuordnen. Wieso sollte ich mich so fühlen, wenn mir augenscheinlich alle Möglichkeiten offenstanden und mir die Welt sprichwörtlich zu Füßen lag?

> *Wieso machten sich in mir immer mehr Stress und Unruhe breit, wo ich doch ein scheinbar gelassenes Leben in voller Sicherheit genoss?*

Wieso fühlte ich mich innerlich hin- und hergerissen, obwohl ich von der Außenwelt viel Zuspruch bekam? Nichts davon ergab Sinn, und so betäubte ich mich weiterhin mit konstanter Ablenkung. Denn genau das fühlte sich ja gut an.

Ein Griff in meine Tasche nach dem Smartphone genügte, um mich mit der äußeren Welt zu verbinden. Wenige Klicks machten es möglich, ein lustiges Video anzuschauen, neu gewonnene Likes zu zählen oder andere Profile zu entdecken. Online-Streaming füllte die langen Pausen, die nach Ablenkung verlangten. Online-Shopping war ein guter Zeitvertreib und eine Befriedigung, um Gefühle von Mangel zu bekämpfen. Oft fühlte sich dieser Zeitvertreib gut und wie eine Belohnung an.

Manchmal jedoch regte es mich auch auf, schlechte Nachrichten zu lesen oder perfekte Leben gespiegelt zu bekommen. Das war vor allem dann der Fall, wenn ich Unzufriedenheit mit meiner eigenen Lebenssituation empfand. Egal wie es sich anfühlte, eines war immer gegeben: Ich konnte mich konstant von meiner Innenwelt ablenken und meine Aufmerksamkeit auf äußere Geschehnisse fokussieren. Und genau das, so glaubte ich, brauchte ich in diesen Momenten.

Gefühle, die ich unterdrücken wollte, fanden jedoch immer wieder einen Weg an die Oberfläche. In unerwarteten Momenten, vor allem dann, wenn es in mir ruhiger wurde, ließen mich nicht mehr los. Nach und nach wurde mir bewusst, dass ich ein Leben lebte, das nicht meinen Vorstellungen und Bedürfnissen entsprach, sondern von den Werten und Vorstellungen anderer geprägt wurde. Das zwar perfekt in das Weltbild der Gesellschaft passte, jedoch nicht in das Weltbild meines eigenen Herzens. Stück für Stück hatte ich mich von Vorstellungen anderer leiten lassen und glaubte sukzessive weniger an mein wahres Selbst, an meine Vorstellungen, meine Werte und meine Begabungen.

Mein innerer Druck wurde größer. Langsam und anfangs unfreiwillig begann ich zu reflektieren und meine Angewohnheiten zu hinterfragen. In kleinen Schritten begann ich Neugier dafür zu entwickeln, weshalb ich ein Leben aufrechterhielt, das eigentlich nicht meinen Wünschen entsprach. Inwieweit war dies sinnvoll? Wieso lebte ich ein Leben, das mich weder glücklich machte noch mein Herz zum Leuchten brachte oder mich tagtäglich inspirierte? Da saß ich nun also mit meinem Smartphone in der Hand, und genau diese essenziellen Fragen fesselten mich und ließen mich nicht mehr los. Das war der Startpunkt für meine persönliche Reise zu mir selbst. Mich besser kennenzulernen und mein Leben selbst zu kreieren: Das waren damals meine beiden großen Ziele.

Wenn die Unruhe zu groß wird

Ironischerweise wurde ich unruhig, wenn ich zu viel Zeit am Smartphone verbrachte, aber ebenso, wenn sich mein Smartphone nicht in Reichweite befand. Schon beim Aufstehen nahm ich eine Sehnsucht nach meinen Lieblings-Apps wahr, als würde es sich dabei um besondere Menschen handeln, die ich vermisste. Besonders angetan war ich von sozialen Netzwerken, Nachrichtenportalen, aber auch E-Mail- und Messenger-Diensten. Beispielsweise überkam mich bereits morgens im Bett das Verlangen, nachzuschauen, was mich am heutigen Arbeitstag erwarten würden. Und das, obwohl mein Arbeitsalltag erst Stunden später startete. Damals arbeitete ich im Personalmanagement und war mit Mitarbeitern und Partnern weltweit verbunden. Aufgrund des Zeitunterschiedes erreichten mich per E-Mail auch nachts Neuigkeiten. Dieses Bedürfnis zu wissen, was sich über Nacht in der Arbeitswelt getan hatte, wollte gestillt werden. Und so gut wie immer gab ich dem nach. Schnell öffnete ich ungelesene Nachrichten. Einige beruhigten mich. Andere wiederum regten mich auf. Und da war sie wieder: Die innere Unruhe und Unzufriedenheit, die meine Laune bereits früh morgens in den Keller rasseln ließ.

Mittags ging ich mit meinen Kollegen essen. Fröhliche Geschichten wurden ausgetauscht. Wir unterhielten uns über das letzte Wochenende, über Fernsehserien sowie über Rezeptideen. Manchmal blieb mein Smartphone am Arbeitstisch liegen. Ich vergaß es dort, und ehe ich es bemerkte, befand ich mich bereits in der Warteschlange vor der Essensausgabe. Immer dann, wenn ich mein Smartphone vergessen hatte, fühlte ich mich nackt. Ich hatte meinen wichtigsten Begleiter nicht dabei und fühlte mich verloren.

An den meisten Tagen allerdings war das Smartphone beim Mittagessen nicht wegzudenken. Nach der Essensausgabe legten wir alle unser Smartphone auf die Tischfläche. Wir erzählten uns Geschichten und tauschten uns aus, aber sobald eines unserer Smartphones zu leuchten begann, galt ein kurzer Blick dem Bildschirm. Manchmal ging dies einher mit einem schnellen Entsperren und einer sofortigen Rückmeldung. Zumindest ein Emoji musste drin sein. Am Ende der Mittagspause fühlte ich mich selten erholt.

Hatte ich mein Smartphone vergessen, fühlte ich mich unwohl. Hatte ich mein Smartphone bei mir, nahm ich allerdings innerlichen Stress wahr. Denn es war, als müsste ich an mehreren Welten parallel teilnehmen. Überall musste ich zuhören und sofort eine Antwort parat haben. Das Essen nahm ich kaum wahr und von Erholung war weit und breit keine Spur. Zu viel passierte um mich herum und zu viele Eindrücke prasselten auf mich ein.

Spät nachmittags verließ ich mein Büro. Ich schickte die letzten E-Mails ab, jedoch im Wissen, dass ich jederzeit über das Smartphone weitere E-Mails nachreichen konnte. Das beruhigte mich. Ich packte meine Sachen und startete in meinen Feierabend. Zuhause angekommen spürte ich erst, wie erschöpft ich mich fühlte. Ein ganzer Tag voller Tätigkeit, ohne wirklich eine Pause eingelegt zu haben. Es war an der Zeit, es mir am Sofa bequem zu machen. Nur kurz die Füße ausstrecken – das hatte ich mir verdient. Danach blieb noch genug Zeit, um die Hausarbeit zu erledigen und Sport zu betreiben.

> *Plötzlich war es still und ich tat: nichts. Ein Zustand, den ich nicht gewöhnt war. Dementsprechend hielt er auch nicht lange an.*

Ich hielt es einfach nicht aus, und der Griff zum Smartphone lag nahe. Dadurch verwandelte sich die unangenehme Stille in bunte Bilder, Ereignisse und Geschichten. Ich bewunderte die Fotos und Geschichten der Personen, die ich online verfolgte. Es schien mir fast so, als würde jeder in meiner Online-Welt gerade eine Weltreise unternehmen und perfekt gestylt vor den schönsten Sehenswürdigkeiten der Welt posieren. Jene Personen, die gerade keine Weltreise unternahmen, gaben stattdessen bekannt, dass sie frisch verlobt waren oder posteten das erste Ultraschallbild ihres noch nicht geborenen Kindes. Jeder schien unfassbar glücklich, erfolgreich und darüber hinaus echt gutaussehend. Und ich saß am Sofa und fühlte, wie sich mit jedem Foto meine Unzufriedenheit ausbreitete. Ich war damals Single, meine letzte Reise war einige Zeit her, im Berufsleben war ich mäßig erfolgreich und mein Make-Up hatte ich bereits seit einiger Zeit nicht mehr verwendet. Ich fühlte mich alles andere als glücklich, erfolgreich oder gutaussehend. Im Gegenteil: Ich fühlte mich wie eine Versagerin, die nichts im Leben erreicht hatte.

Beispiele wie diese waren in meinem Alltag omnipräsent. Eines hatte jeder dieser Momente gemeinsam: Ohne Smartphone fühlte ich Leere und Einsamkeit in mir. Mit Smartphone waren innerlicher Stress und der Zwang, mich zu vergleichen, meine ständigen Begleiter. Dennoch war es einfacher für mich, der Versuchung durch das Smartphone nachzugeben. Und so kam es, dass es immer mehr die Kontrolle über mich, meinen Alltag und schlussendlich auch über meine Launen übernahm.

Ich wusste damals nicht, was ich in meinem Leben überhaupt wollte, welche Werte ich tatsächlich vertrat und welche Bedürfnisse ich hatte. Früher dachte ich, dass ich all das über mich wusste. Jedoch musste ich feststellen, dass das ein Irrglaube war. Viele Jahre lang wurde mir von außen vermittelt, was vermeintlich richtig und was falsch ist, wie ich zu sein habe und was sich wie gehört. Natürlich hat dies nicht nur mit dem Smartphone zu tun. Geschichten über uns selbst entstehen durch Erziehung, Schule und das familiäre und soziale Umfeld. Dennoch, das Smartphone wirkt dabei wie ein Verstärker. Besser gesagt, nicht das Smartphone per se, sondern die

Art und Weise, wie wir unser Smartphone nützen. Durch meine intensive Nutzung wurde mir permanent gespiegelt, wer ich zu sein habe, um erfolgreich, beliebt und schön zu sein. Und ich? Ich glaubte daran.

Ich definierte mein Leben als erfüllt, wenn ich ein vergleichbar glückliches Leben hatte wie Personen der Online-Welt. Und was waren Werte dieses glücklichen Lebens? Joberfüllung, Auslandserfahrungen, eine glückliche Beziehung, gut gelaunte Treffen mit dem eigenen Freundeskreis. Und dabei auf jedem Foto blendend aussehen. Und wenn ich das einmal erreicht haben würde, so glaubte ich, dann würde auch ich Erfüllung und Glück spüren. Es reichte mir nicht, dass ich bereits zahlreiche Abenteuer hinter mir hatte. Nein, ich wollte dieses aufregende und perfekte Leben jeden einzelnen Tag erleben, um umgehend online davon berichten zu können. Es fühlte sich gut an, anderen zeigen zu können, dass auch ich ein an Abenteuern reiches Leben hatte.

Ständig im Stress, Posts zu veröffentlichen, die beweisen sollten, dass ich diese Werte auch tatsächlich lebe, blieb kaum Zeit für Auseinandersetzung mit meinen echten persönlichen Bedürfnissen und Vorstellungen. Konstante Erreichbarkeit und schnellstmögliche Rückmeldungen auf alle Anfragen unterstützten eine Besinnung auf mich selbst ebenso wenig. Wie soll ich Zeit und Energie für mich selbst haben, wenn ich für so viele Menschen laufend und unmittelbar die richtige, inspirierende Antwort parat haben muss? Wie soll ich mich auf mich selbst fokussieren, wenn die Verlockung von äußerer Ablenkung so unglaublich groß ist?

Ich hatte weder die Zeit noch die Energie, mich damit auseinanderzusetzen, was ich im Leben wirklich erreichen wollte, was für mich zählte. Viel einfacher war es, mit dem Strom zu schwimmen. Es fiel mir leicht, mich so zu verhalten wie der Großteil der Menschen. Mich durch mein exzessives Smartphone-Verhalten zu betäuben war die perfekte Strategie, um meine wahren Bedürfnisse zu ignorieren und den gesellschaftlichen Gepflogenheiten zu entsprechen und „dazuzugehören".

Dies zu begreifen, dauerte Zeit. Es glich eher einem Prozess als einem Schalter, den ich von heute auf morgen umlegte. Bestimmt wurde der Umdenkprozess auch dadurch angeregt, dass mein inneres Unwohlsein intensiver wurde. Ich sah Menschen, die mit der gleichen innerlichen Unruhe lebten wie ich. Getrieben von Verpflichtungen und Erwartungen, die sie sich selbst auferlegt haben, im Glauben, es wäre der Weg zur Erfüllung. Und irgendwann kam der Wendepunkt, an dem ich endlich realisierte, was gerade mit mir passierte. Genau das war auch der Moment, in dem mir bewusst war, dass mein Smartphone nicht der Schlüssel zur Erfüllung sein konnte. Damals hatte ich keine Ahnung, wie ich meine Situation ändern kann. Alles, was ich wusste, war: Ich entscheide mich dafür, mein Leben und meine Zeit zurückzugewinnen und selbst zu gestalten.

Schau dich in deiner Umgebung um: Hast du das Gefühl, dass das Smartphone dich und dein Umfeld fest im Griff hat? Wenn du ganz ehrlich zu dir selbst bist, inwiefern lässt du dich dann freiwillig von deinem elektronischen Begleiter fremdbestimmen?

Deine Zeit am Smartphone

Du hast nun von meiner Smartphone-Routine gehört, welche ich vor einigen Jahren tagein und tagaus lebte. Gibt es Aspekte dieser Gewohnheiten, mit denen du dich identifizieren kannst? Hast du dich in dem einen oder anderen Satz wiedererkannt?

Tatsächlich ist das soeben Beschriebene alles andere als ein Einzelfall. Die bittere Wahrheit ist, dass dieses Verhalten eher den Status Quo und die Normalität in unserer Gesellschaft widerspiegelt.

An der Universität Bonn wurde vor einigen Jahren ein Projekt gegründet, das Aufschluss darüber gibt, wie lange und wie wir unser Smartphone verwenden. Alexander Markowetz, Christian Montag und deren Team entwickelten hierfür die „Menthal App". Auf der einen Seite unterstützt die App dabei, das eigene Nutzungsverhalten in den Griff zu bekommen. Auf der anderen Seite kann dadurch ein anonymisierter Einblick in unser gesellschaftliches Smartphone-Verhalten gewonnen werden.

In seinem Buch *Digitaler Burnout* beschreibt Alexander Markowetz die leider erschreckenden Ergebnisse. Die erhobenen Daten zeigen, dass der Durchschnittswert der täglichen Smartphone-Nutzung bei zweieinhalb Stunden pro Tag liegt. Klingt eigentlich ganz okay. Allerdings: Von diesen zweieinhalb täglichen Stunden beläuft sich nur ein kleiner Bruchteil auf das Telefonieren oder Apps, die unseren Alltag tatsächlich maßgeblich unterstützen. Den Großteil dieser Smartphone-Zeit verbringen wir in sozialen Netzwerken oder mit Online-Spielen.

Diese Daten geben einen guten Überblick darüber, was gesellschaftlich gerade passiert. Das Smartphone ist schon lange kein Mittel zum Zweck mehr, mit dem man telefonieren kann, dringende Nachrichten verschickt oder den Weg navigieren lässt. Das Smartphone ist nur noch zu einem Bruchteil das, für was es im Kern steht. Es ist vielmehr ein ständiger Begleiter, unsere Verbindung zur Welt und vor allem: sehr viel Unterhaltung.

Vielleicht fragst du dich jetzt, was an dieser Entwicklung so negativ sein soll? Natürlich sind die Möglichkeiten, die sich uns durch eine enge Verbundenheit mit der ganzen Welt erschließen, auf den ersten Blick positiv. In jeder Sekunde nur wenige Klicks von Information, einer Ware, einem Austausch oder einer Unterhaltung entfernt zu sein, kann grenzenlose Möglichkeiten bieten. Dem stimme ich voll und ganz zu. Gleichzeitig kann es auch unsichtbare oder sichtbare destruktive Folgen mit sich bringen. Diese schleichen sich oft zunächst unmerklich ins Leben und, ohne dass du dir dessen bewusst bist, beginnen sie es mehr und mehr zu bestimmen.

Machen wir einmal ein Gedankenexperiment und reisen wir gemeinsam in die Zukunft. In das Jahr, in dem du deinen 96igsten Geburtstag feierst. Du bist gesund, es geht dir gut und du sitzt in einem gemütlichen Sessel und denkst über dein Leben nach. Du reflektierst, wie du in den letzten Jahrzehnten gewirkt hast und was durch dich an die kommenden Generationen weitergegeben wird. Was möchtest du an dieser Stelle über dich, über dein Wirken und über das, was du weitergibst, gerne sagen können?

Wie fühlt es sich für dich an, wenn du aus ganzem Herzen behaupten kannst, dass du deinen Träumen gefolgt bist und deine Visionen gelebt hast? Dass du deine Werte, deine Bedürfnisse und deine Wünsche respektiert hast? Dass du deine bisherige Lebenszeit als unendlich wertvoll angesehen und deine Zeit zum größten Teil mit genau diesen Tätigkeiten und Menschen verbracht hast, die dein Herz zum Leuchten bringen?

Vermutlich stimmst du zu, wenn ich behaupte, dass sich diese Vorstellung gut anfühlt. Wollen nicht die meisten von uns auf ein erfülltes und glückliches Leben zurückblicken? Auf ein Leben, in dem wir unser wahres Ich zum Ausdruck bringen, unsere Träume verwirklichen und damit etwas bewegt haben in der Welt?

Wenn wir dieses Gedankenexperiment jedoch weiterspinnen, dann lass uns noch einmal auf die durchschnittliche tägliche Smartphone-Zeit zurückkommen, die Alexander Markowetz herausgefunden hat: zweieinhalb Stunden. Gehen wir davon aus, dass du mit 16 dein erstes Smartphone erhalten hast. An deinem 96igsten Geburtstag hast du also bereits 80 Jahre lang ein Smartphone besessen. Nun vervollständigen wir unser einfaches Rechenbeispiel, indem wir die zweieinhalb täglichen Stunden auf 80 Lebensjahre aufrechnen.

Nun stellt sich heraus, dass du in diesem Fall sage und schreibe acht Jahre deines Lebens am Smartphone verbracht hast! Würdest du sagen, dass diese acht Lebensjahre dich dabei unterstützt haben, deine Bedürfnisse zu leben und deine Träume zu verwirklichen? Du kannst dir die Frage einfach selbst stellen, indem du dir ansiehst, inwieweit die sozialen Netzwerke, Nachrichtendienste oder Spiele aktuell zu deinem Wohlbefinden und einem erfüllten Leben beitragen. Oder ist es zu einem großen Teil so, dass sie dich genau davon ablenken? Dir durch unbewussten Vergleich mit anderen vorspielen, du müsstest anders sein als du tatsächlich bist?

Außerdem haben die Einblicke von Alexander Markowetz ergeben, dass wir den Bildschirm unseres Smartphones täglich durchschnittlich 88mal aktivieren. Manchmal tun wir das nur kurz, um zu sehen, ob etwas Neues passiert ist. Viel öfter entsperren wir unser Smartphone jedoch tatsächlich und gehen in Interaktion damit. In seinem Buch finden wir ein interessantes Rechenbeispiel dazu: Gehen wir davon aus, dass wir täglich acht Stunden schlafen und 16 Stunden wach sind. In diesem Fall bedeutet eine 88malige Aktivierung, dass wir alle 18 Minuten unser Smartphone zur Hand nehmen und somit unsere gegenwärtige Tätigkeit kurz oder lange unterbrechen.

Was bedeutet es aber genau, wenn wir abgelenkt werden? In seinem Buch *Brain at Work* beschreibt David Rock das Phänomen „Ablenkung". Er unterstreicht, dass unser menschliches Gehirn sich grundsätzlich gerne ablenken lässt. Evolutionär hat es sich als sinnvoll erwiesen, die eigene Aufmerksamkeit auf Ungewöhnliches, Plötzliches oder Neues zu lenken. So war es uns möglich, in Notsituationen schnell zu reagieren und zu überleben. Unser Gehirn unterscheidet jedoch nicht gerne zwischen unterschiedlichen Arten von Ablenkung. Ob vor vielen, vielen Jahren eine Raubkatze unseren Weg kreuzte oder heutzutage eine Push-Nachricht nach der anderen bunt am Smartphone blinkt: Das kümmert unser Gehirn herzlich wenig. Aber:

> *Je mehr Ablenkung an jeder Ecke lauert, desto mehr Energie kostet es uns, konzentriert zu bleiben. Diese führt eher früher als später zu einer kognitiven Erschöpfung.*

Auf der einen Seite versuchst du dich verkrampft auf die gegenwärtige Tätigkeit zu fokussieren. Auf der anderen Seite brauchst du Energiereserven, um gedanklich zu blockieren, was dich sonst gerade ablenken würde. Also selbst die Entscheidung, eine Nachricht nicht vollständig zu lesen, kostet Energie. Vielleicht hast du dieses Phänomen bereits selbst erfahren. In dem Moment, wo du weißt, dass dir jemand eine Nachricht geschrieben hat, ist es ungemein schwer, nicht hinzuschauen. Ständig führst du einen inneren Dialog, indem du mit dir selbst verhandelst, ob du dich für oder gegen das Klicken entscheidest.

Je öfter du dich ablenken lässt und danach wieder von vorn anfängst, desto mehr verschlechtert sich deine Konzentrationsfähigkeit. Es ist, als würde deine Selbstkontrolle von Mal zu Mal weniger werden. Und mit jedem Mal steigt die Wahrscheinlichkeit, dass du dich beim nächsten Mal noch einfacher ablenken lässt.

Inwieweit hat diese konstante Ablenkung eine Auswirkung auf deinem Weg zu einem erfüllten Leben? Laut den Forschungen von Alexander Markowetz verbringen wir also nicht einmal 20 Minuten mit einer Tätigkeit, ehe uns das Smartphone durch Blinken, Piepsen oder Leuchten ablenkt.

Unserem Gehirn fällt es schwer, diesem Geschehnis keine Aufmerksamkeit zu schenken. David Rock behauptet, dass es nach der Unterbrechung durchschnittlich 25 Minuten dauert, um sich wieder voll fokussiert der ursprünglichen Tätigkeit zu widmen. Unser Gehirn hat oft nicht die Kapazitäten, um unmittelbar hin- und herzuwechseln. Wir sehen bereits: Wenn wir uns regelmäßig ablenken lassen, dann ist es fast unmöglich, fokussiert an einer Tätigkeit oder an einem Gedanken dranzubleiben.

Durchschnittswerte hin oder her, sie zählen im Grunde wenig. Und zwar deshalb, weil es in diesem Buch um dich ganz persönlich geht. Egal wo ein Durchschnittswert liegen mag, im Endeffekt geht es um deine persönliche Zeit. Und diese kannst du sehr leicht beobachten. Schwarz auf Weiß hält dir dein Smartphone regelmäßig einen Spiegel mit dem exakten Ausmaß deiner Smartphone-Nutzung, vor. Dieses Zeitausmaß kannst du auf Lebensjahre hochrechnen und dir überlegen, ob du einmal zufrieden auf deine Bildschirmzeit zurückblicken wirst. Oder ob du das Gefühl hast, du hättest diese Anzahl an Jahren sinnvoller und wertvoller gestalten können als vor einem kleinen Bildschirm.

An dieser Stelle sei klar festzuhalten, dass wir die Zeit am Smartphone nicht auf null reduzieren müssen. Dies ist oft auch nicht erstrebenswert, da das Smartphone viele Chancen und positive Möglichkeiten mit sich bringt. Vielmehr geht es darum, die guten Seiten auszukosten, davon zu profitieren und gleichzeitig einen selbstbestimmten und sinnvollen Umgang zu finden. Die Balance zwischen online und offline so zu leben, dass du selbst die Kontrolle über dein Nutzungsverhalten hast und es nicht dich kontrolliert.

Dieses Buch ist keine Verteufelung des Smartphones. Vielmehr soll es liebevoll auf die möglichen Konsequenzen eines Überkonsums hinweisen und dich beim Entwickeln deiner sinnvollen digitalen Balance unterstützen.

Reflektiere für dich die folgenden Fragen:

> Wie oft tippst du auf dein Smartphone, um es zu entsperren?
> Was veranlasst dich, hinzuklicken?
> Wie viel Zeit verbringst du täglich am Smartphone?
> Wie fühlst du dich, nachdem du Zeit am Smartphone verbracht hast?

Und reise mit mir gedanklich in deine Zukunft: Wenn dein Smartphone-Konsum gleichbleibt, wie viel Zeit hast du dann mit 96 Jahren am Smartphone verbracht? Wie zufrieden bist du damit?

Was lässt uns klicken und liken?

Hast du schon einmal hinterfragt, *warum* du klickst, likest und scrollst? Vielleicht stellst du fest, dass du hin und wieder Zeit mit Apps verbringst, ohne wirklich einen Grund dafür zu haben. Wenn wir durchschnittlich alle 20 Minuten auf unser Smartphone blicken, stellt sich die provokante Frage: Passiert in dieser Zeitspanne tatsächlich so viel Wesentliches oder Neues?

Und hast du dich schon einmal beim Klicken, Liken und Scrollen beobachtet? Vielleicht ist dir aufgefallen, dass du diese Tätigkeiten oftmals unbewusst und ganz automatisiert durchführst. Der eine Klick, der dein Smartphone entsperrt, benötigt nicht einmal eine Sekunde. Die wenigen weiteren Klicks, um eine App zu öffnen, verlaufen ebenfalls blitzschnell. Oftmals zu schnell, um den Vorgang bewusst zu realisieren.

Auch ich erwische mich manchmal selbst dabei: Ich komme am späten Nachmittag aus dem Büro nach Hause. Irgendwie fühle ich mich erschöpft, möchte mich kurz ausruhen und meine Energiereserven wieder aufladen. Was gibt es dafür Besseres, als sich aufs Sofa fallen zu lassen und einfach nur einmal tief durchzuatmen? Und so setze ich mich hin und ruhe mich aus. Danach vergehen gerade einmal Sekunden, ehe ich bewusst realisiere, dass ich gerade Instagram geöffnet habe. Ganz automatisiert und ohne darüber nachzudenken, habe ich bereits eine Vielzahl von Fotos und Informationen anderer Personen konsumiert. Wie ich dort überhaupt hingekommen bin? Genau das frage ich mich in diesem Moment auch. Meine letzte bewusste Erinnerung galt meiner Erschöpfung und dem Fallenlassen auf das Sofa. Ich bin verblüfft und realisiere: Der Weg bis zu meinem Instagrambesuch erfolgte vollkommen automatisiert und unbewusst.

Bestimmt bin ich nicht die einzige Person, die dieses Verhaltensmuster an den Tag legt. Eine kurze Beobachtung von Personen auf der Straße oder im Café genügt, um ein ähnliches Phänomen festzustellen. Ich frage mich:

Was treibt uns Menschen an, ununterbrochen oder zumindest in sehr kurzen Abständen auf unser Smartphone zu blicken? Ist jede Person, die ich im Café sitzen sehe, gerade auf Bereitschaftsdienst? Oder handelt es sich bei all diesen Personen um ein Staatsoberhaupt oder einen Unternehmensleiter, dessen Erreichbarkeit unabdingbar ist? Bestimmt trifft das im Einzelfall zu und es gibt gute Gründe für eine ununterbrochene Erreichbarkeit. Dennoch können wir nicht davon ausgehen, dass es auf jede Person zutrifft, die ihre Finger nicht vom Smartphone lassen kann.

Schwer vorstellbar, dass unser Klick-Verhalten von unserem rationalen und logischen Verstand gesteuert wird. Vermutlich wären wir sonst weniger oft am Smartphone, nachdem ein permanentes Klicken in vielen Fällen wenig Sinn macht. Was genau ist es also, dass uns unseren Blick so oft auf das Display richten lässt? Es muss etwas in uns geben, das uns noch stärker lenkt und steuert als unser rationaler Verstand. Und genau dieser Anteil in uns muss von diesem kleinen Teil, das sich Smartphone nennt, fasziniert und gefesselt sein. Die Suche nach Erklärungen für genau diese Fragen führte mich auf eine der spannendsten Reisen, die ich je gestartet habe. Und ich lade dich hier und jetzt ein, mich auf dieser Reise zu begleiten. Gemeinsam werden wir uns mit menschlichen Verhaltensmustern beschäftigen. Viel wichtiger jedoch: Du und ich, wir werden eine Menge über uns selbst in Erfahrung bringen, uns besser kennen- und verstehen lernen und uns persönlich weiterentwickeln.

Geh auf die Straße, besuche ein Café oder fahre mit einem öffentlichen Transportmittel. Entscheide dich bewusst dafür, dein Smartphone nicht in die Hand zu nehmen und beobachte dich selbst dabei. Macht sich innerlich ein Drang breit, der dich zum Smartphone-Konsum verleiten möchte?

Sprechen wir über das menschliche Gehirn

Hast du dich bereits mit dem menschlichen Gehirn beschäftigt? Ich empfinde das Gehirn als genial und als ein faszinierendes Wunder. Es hat unzählige Aufgaben, aber davon bekommen wir bewusst nur sehr selten etwas mit. Beispielsweise will unser Gehirn, dass es uns gut geht und wir grundsätzlich nicht überlastet sind. Oder mit anderen Worten:

> *Unserem Gehirn geht es, unter anderem, darum, dass wir überleben, in Sicherheit sind und dass wir möglichst wenig Energie vergeuden.*

Es hat Vorteile, dass unserem Gehirn Sicherheit und Energiesparen wichtig ist. Wenn man an die Evolution denkt, hat dies sehr positiv zu unserem Überleben beigetragen.

Lass uns einen kurzen Exkurs machen, um dieses Beispiel besser zu beschreiben. Stell dir vor, dass wir gemeinsam zurück in die Vergangenheit reisen. Ganz weit zurück, bis wir in der Urzeit angekommen sind. Gemeinsam sitzen wir gemütlich am Boden und genießen den Moment am Lagerfeuer. Es ist warm und eine sommerliche Brise fegt uns die Haare ins Gesicht. Plötzlich hörst du ein verdächtiges Rascheln im Gebüsch. Es kommt völlig überraschend und unerwartet, dennoch bist du von einer Sekunde auf die nächste hellwach und vollständig aufnahmefähig. Ehe du deinen Blick zur Seite schwenken lässt, realisierst du bereits: Im Gebüsch und somit ganz in der Nähe lauert Gefahr. Vermutlich eine Raubkatze oder ein anderes gefährliches Lebewesen.

Stell dir vor, du würdest diesen Moment mit deinem rationalen Verstand zu verarbeiten beginnen. Du denkst an alle Möglichkeiten und Lösungsvarianten und wiegst Vor- und Nachteile ab, ehe du dich danach für deine geeignete Reaktion entscheidest. Ich denke, wir sind uns einig: eine viel zu lange Zeitspanne, die der Raubkatze eine wunderbare Angriffsmöglichkeit bieten würde. Denn je länger du deine Reaktion aufschiebst, desto geringer wird deine Überlebenschance.

Genau das ist der Grund, warum dein rationaler Verstand für diese Art von Situationen nicht der richtige Ansprechpartner ist. Deine Reaktionen in dem Moment, wo du die Raubkatze wahrnimmst, werden nicht bewusst gesteuert. Und dein Überleben profitiert genau von diesem automatisierten Programm, das dich in Sicherheit wissen will.

Das gerade beschriebene Beispiel veranschaulicht, dass unser rationaler Verstand zu langsam wäre, um unser Überleben zu sichern. Stell dir vor, dass du über jedes einzelne Geschehnis nachdenken musst, um danach zu entscheiden, wie du darauf reagierst: Wie oft muss ich atmen, um mich mit genug Luft zu versorgen? Wie kaue ich mein Frühstück, damit es auch sicher im Magen ankommt? Oder weniger überlebensnotwendige, aber dennoch wesentliche Fragestellungen: Mit welchem Fuß stehe ich heute auf? Drehe ich die Zahnpasta nach links oder nach rechts, um sie zu öffnen? In welche Richtung muss ich den Schlüssel bewegen, um mein Auto zu starten? Es ist davon auszugehen, dass es dich überfordern würde, wenn du alle dazugehörigen Informationen tatsächlich wahrnimmst und eine bewusste Entscheidung treffen musst.

Gunter Frank und Maja Storch fassen in ihrem Buch *Die Mañana-Kompetenz* aufschlussreich zusammen: „Das menschliche Gehirn ist den ganzen Tag damit beschäftigt, seine Umgebung wahrzunehmen. Aber nur ganz wenig von dem über den Tag hinweg Wahrgenommenen gelangt dem Menschen zu Bewusstsein. Vielmehr hinterlässt vieles von dem, was den Menschen umgibt und mit was er sich beschäftigt, Spuren im Gehirn und versetzt ihn in Bereitschaft, bestimmte Dinge zu tun, ohne dass er sich jemals bewusst dazu entschlossen hätte."

Ich mag diese Zusammenfassung, weil sie kurz und bündig zeigt, wie unser Gehirn für uns arbeitet. Viel mehr Eindrücke werden wahrgenommen, als wir bewusst realisieren. Nur ein Bruchteil wird dann tatsächlich weitergeleitet. Denn diese enorme Menge an Information würde uns überfordern. Das heißt, wir nehmen oft einige Aspekte einer Situation gar nicht bewusst wahr. Und dennoch handeln wir so, als hätten wir sie bewusst wahrgenommen. Beispielsweise bekommst du früh morgens gar nicht mit, wie du deine Füße koordinierst, um aus dem Bett zu steigen. Du machst es einfach und handelst, ohne darüber nachzudenken. Indem du einfach aufstehst und losgehst.

Welche Gewohnheiten führst du in deinem Alltag vollständig unbewusst aus?
Sammle Beispiele aus deinem Alltag. Gibt es unter deinen Beispielen auch Gewohnheiten, die mit deinem Smartphone-Konsum zusammenhängen?

Kampf oder Flucht – was darf es sein?

Viele unserer Aktionen und Reaktionen laufen also völlig automatisiert ab. Ein weiteres und sehr bekanntes Beispiel dafür ist die „Kampf-oder-Flucht"-Reaktion, welche vom amerikanischen Physiologen Walter B. Cannon geprägt wurde. Dieses Beispiel soll veranschaulichen, wie uns unbewusste Mechanismen beeinflussen. Und zu späteren Zeitpunkten im Buch wird diese Erklärung dabei unterstützen, den Smartphone-Umgang besser zu verstehen und zu reflektieren. „Fight or Flight" ist eine Reaktion unseres Körpers auf eine belastende Situation. Dieses Phänomen zeigt sich, sobald wir einer Situation ausgesetzt sind, die uns unbewusst oder bewusst in Stress versetzt. Als Beispiel dient die schon einmal erwähnte Raubkatze: Du sitzt am Lagerfeuer und plötzlich raschelt es neben dir im Gebüsch. Du witterst Gefahr. Dein Körper reagiert sofort auf diese Situation und unterstützt dich, indem er dich blitzschnell auf eine Flucht oder einen Kampf vorbereitet. Aber auch weitaus subtilere Situationen können zu dieser Reaktion führen: wiederkehrende belastende Gedanken, ein E-Mail mit unerwünschtem Inhalt oder eine schwer lösbare Prüfungsaufgabe. All das kann dich – sichtbar oder unsichtbar – in Stress versetzen.

Egal ob du den Flucht- oder Kampfreflex wählst – wobei du bewusst hier keine Entscheidung treffen wirst, da dein Verstand hier zu langsam wäre –, dein Körper muss darauf reagieren. Gunter Frank und Maja Storch beschreiben, wie genau unser Körper auf diese Situation reagiert:
Dein Sympathikus, ein Teil des vegetativen Nervensystems, aktiviert sich und veranlasst eine Reihe an Reaktionen. Beispielsweise spannen sich die Muskeln an, der Herzschlag wird schneller, der Blutdruck steigt, die Bronchien werden weiter, damit genug Sauerstoff deine Muskeln erreichen kann, deine Sinnesorgane werden aktiviert, damit deine Wahrnehmung geschärft ist. Schmerzen wirst du in dieser Situation kaum wahrnehmen. Auch deine Blutgerinnung wird schneller. Aus den Fettreserven wird Zucker ins Blut abgegeben, aus den Muskeln werden Proteine bereitgestellt. Alle Körperfunktionen, die in diesem Moment nicht unmittelbar zu deinem Überleben beitragen, zum Beispiel die Verdauung oder dein Fortpflanzungstrieb, werden heruntergefahren. Dein Körper spart Energie, wo er nur kann, und bündelt all deine Ressourcen, um dein Überleben zu unterstützen. Kurz zusammengefasst: Funktionen, die überlebenswichtig sind, werden ausgeprägter. Alle anderen Funktionen werden heruntergefahren.

Dieses „Flucht oder Kampf"-Phänomen ist ein gutes Beispiel dafür, dass wir automatisierte Reaktionen in uns haben. Niemals wirst du dich ganz bewusst für Flucht oder Kampf entschieden haben. Vor allem nicht in der heutigen Zeit, wo kaum noch Raubkatzen hinter dem Gebüsch auf uns lauern. Dennoch antworten dein Gehirn und dein Körper oftmals ganz selbstständig mit dieser Reaktion, sobald du dich in einer Stresssituation befindest. Schließlich geht es ja um dein Überleben.

Reflektiere deine Gewohnheiten in einer Stresssituation. Wie reagierst du? Gibt es Situationen mit deinem Smartphone, die dich hin und wieder in Stress versetzen?

Die Macht der Urinstinkte

Nachdem nun klar ist, dass Reaktionen oft unbewusst und automatisiert passieren, stellt sich die Frage: Nach welchen Kriterien wird unbewusst gehandelt?

Viele Faktoren können eine wesentliche Rolle dabei spielen. Darunter fällt zum Beispiel die individuelle Persönlichkeit, die Erziehung oder das soziale Umfeld.

Dennoch haben wir Menschen meistens etwas gemeinsam: Wir werden auch von Urinstinkten geleitet. Weiter oben hast du bereits vom Instinkt der Sicherheit und des Energiesparens gehört. Daneben gibt es weitere Urinstinkte, die tief in uns verankert sind, da sie unsere Überlebenschancen in der Vergangenheit gefördert haben.

Zwei weitere Urinstinkte möchte ich hier vorstellen, da sie mit unserem Smartphone-Konsum zusammenhängen. Sie bieten, unter anderem, eine Erklärung, warum es so verlockend ist, auf das Smartphone zu blicken.

Vieles spricht dafür, dass das Bilden von Gruppen unser Überleben stark begünstigte. Indem wir das Leben mit vielen anderen Menschen verbrachten, konnten wir unsere unterschiedlichen Kompetenzen geschickt zum Wohle aller einsetzen. Wir konnten voneinander lernen und uns gegenseitig beschützen.

Was ist jedoch die Voraussetzung, um die Vorzüge einer Gruppe zu genießen? Die Voraussetzung ist, dass man einer Gruppe auch tatsächlich angehört. Nur so können die Vorzüge einer Gemeinschaft genossen werden. Und genau diese Zugehörigkeit fördert das eigene Überleben. Wohingegen von einer Gruppe ausgestoßen zu werden eher das Gegenteil bewirkte. Dementsprechend wichtig war es jedem Einzelnen vermutlich auch, von den Gruppenmitgliedern gemocht, akzeptiert und miteinbezogen zu werden. Einfach dazuzugehören. Nir Eyal schreibt Bücher zum Thema Psychologie und Kaufverhalten. In seinem Buch *Hooked* beschreibt er den Urinstinkt des Dazugehörens als das Bedürfnis, dass Menschen einem Stamm angehören. Er unterstreicht damit die Wichtigkeit der Verbundenheit mit anderen Menschen.

Auch das Sammeln und Jagen unterstützte unser Überleben, da wir uns dadurch mit überlebenswichtiger Nahrung oder essenziellen Gegenständen bereichert haben. Die Vermutung liegt nahe, dass wir instinktiv regelmäßig auf der Suche nach Ressourcen waren und erhofften, auch fündig zu werden. Lass mich dieses Beispiel mit der Suche nach Essen beschreiben. Es ist anzunehmen, dass Nahrung in der Urzeit ein rares Gut war. Heutzutage ist es kaum vorstellbar, für die Suche einer Mahlzeit viel Zeit und Unsicherheitsfaktoren einzurechnen. Ein Besuch im Supermarkt genügt, um innerhalb von wenigen Minuten Lebensmittel aus der gesamten Welt zu kaufen und danach genüsslich zu verspeisen. Früher dauerte die Suche nach Nahrung vermutlich um ein Vielfaches länger und war um einiges aufwendiger sowie ungewisser. Dennoch suchten Menschen nach Nahrung, in der Erwartung, auch fündig zu werden. Denn ohne diese Erwartung hätte sich bestimmt niemand auf den mitunter langwierigen Weg gemacht. In seinem Buch hat Nir Eyal diese Art von Instinkt als „die Belohnung der Jagd" beschrieben. Damit meint er, dass tief in uns die Notwendigkeit, Objekte zu erwerben, abgespeichert ist. Denn auch dieser Mechanismus fördert und sichert unser Überleben.

Zurecht wirst du nun meinen, dass sich die Zeiten geändert haben. Im heutigen Zeitalter leben viele Menschen weit weg von Raubkatzen und anderen gefährlichen Tieren. Ab einem bestimmten Alter sind wir nicht mehr auf eine Gruppenbildung angewiesen und können uns auch alleine versorgen. Außerdem stehen einem Großteil der Menschen Lebensmittel in ausreichender Menge zur Verfügung. Heutzutage muss man sich nur noch in seltenen Fällen auf eine unsichere Reise der Nahrungssuche begeben.

Unser Gehirn wird sich also bestimmt ausruhen und braucht sich kaum noch für unsere Sicherheit, für das Dazugehören oder für das Suchen einsetzen. Zugegeben, das würde logisch klingen. Viele Menschen leben heute in wohlbehüteter Sicherheit und im Komfort. Zumindest wenn man Urzeiten als Vergleichswert heranzieht.

Dennoch gilt es zu bedenken: Obwohl wir uns laufend weiterentwickeln, sind unsere menschlichen Urinstinkte noch immer tief in uns abgespeichert und verankert.

Und was wir als gefährlich ansehen beziehungsweise welche Situationen uns in Stress versetzten, das ist höchst individuell und subjektiv. Und es reicht bereits aus, eine Situation unbewusst als gefährlich einzustufen.

Deinem Gehirn und deinem Körper ist es egal, ob andere Personen in einer Situation ebenfalls eine Gefahr sehen. Außerdem unterscheidet dein Gehirn auch nicht, ob du eine Situation gerade echt erlebst oder sie dir lediglich in deiner Fantasie ausmalst. Sobald du Gefahr wahrnimmst, und sei es nur in deiner Einbildung, reagierst du automatisch. So startet beispielsweise ein Automatismus in dir, der mit den bereits beschriebenen Reaktionen „Kampf oder Flucht" antwortet.

Man könnte also sagen, die Raubkatze von früher hat heutzutage einfach andere Formen angenommen. Was unser Überleben gefährdet, das definiert sich durch unsere Erfahrungen, unser Umfeld und natürlich durch unsere menschlichen Urinstinkte.

Urinstinkte fördern also unsere Überlebenschance. Wie kann jedoch gefördert werden, dass diese Urinstinkte auch tatsächlich verfolgt werden? Vor allem, wenn dies unbewusst und automatisch erfolgt? Auch hier vollbringen unser Körper und unser Gehirn eine wahre Meisterleistung, um die Befriedigung der Urinstinkte zu unterstützen.

Unser Belohnungszentrum und das Dopamin

Unser Gehirn und unser Körper sind faszinierend. Joachim Bauer, ein deutscher Neurowissenschaftler, Facharzt und Psychotherapeut, schildert, dass aus neurobiologischer Sicht Menschen nach zwischenmenschlicher Anerkennung, Wertschätzung, Zuwendung und Zuneigung streben. In seinem Buch *Prinzip Menschlichkeit* geht er sogar noch einen Schritt weiter mit der Behauptung, dass uns Menschen nichts so sehr motiviert, wie von anderen gesehen zu werden oder Anerkennung, Zuwendung und Liebe zu erfahren. Unbewusst wollen wir als Person gesehen werden. Unser Gehirn verfolgt demnach mit jedem Ziel im Alltag den tieferliegenden Sinn, wahrgenommen zu werden. Genau diese Behauptung unterstreicht den

Instinkt des Dazugehörens und unterstützt, dass dieser Instinkt tief in uns verankert ist.

Die Verankerung der Instinkte reicht jedoch nicht aus, wenn es in uns keine Motivation gibt, diese auch zu verfolgen. Doch damit wir tatsächlich unseren Instinkten folgen und somit unsere Überlebenschance steigern, gibt es unterstützende Mechanismen in uns.

Ein Beispiel dafür ist unser Belohnungszentrum, welches in unserem Gehirn sitzt. Dieses Zentrum befindet sich im sogenannten Mittelhirn. Das Belohnungszentrum motiviert uns dazu, überlebensnotwendige Dinge zu tun. Und wie wir wissen, will unser Gehirn uns in Sicherheit wissen. Demnach ist alles, was zum Überleben beiträgt, gut und förderlich. Joachim Bauer beschreibt in seinem Buch noch eine Draufgabe, nämlich den „Treibstoff des Motivationssystems", wie er es nennt. Bei diesem Treibstoff handelt es sich um Dopamin. Dopamin ist auch bekannt als Glückshormon. Dieses Hormon soll uns motivieren, antreiben und Höchstleistungen ermöglichen. Bauer unterstreicht, dass eine wichtige Funktion von Dopamin darin besteht, Energie zu erzeugen, um sich auf ein Ziel hinzubewegen. Es macht sowohl körperlichen als auch psychischen Antrieb möglich. Der Arzt und Psychotherapeut Josef Zehentbauer wiederum beschäftigt sich mit den biochemischen Geschehnissen in unserem Körper. In seinem Buch *Körpereigene Drogen* beschreibt er Dopamin als einen Botenstoff, der wach, aufmerksam, optimistisch und gut gelaunt macht. Er erhöht den seelischkörperlichen Antrieb und nützt den Effekt der Selbstbelohnung. Das Gefühl wird als angenehm empfunden und man hat Motivation, weiterzumachen.

Wieso ist diese Kombination an Unterstützern äußerst hilfreich und auch attraktiv?

Reisen wir gedanklich wieder zurück in die Vergangenheit. Wir sitzen wieder gemeinsam vor dem Lagerfeuer. Stell dir vor, bei beiden von uns fängt der Magen an zu knurren. Zuerst leise, danach immer lauter. Wir beide verspüren Hunger. Ein klares Zeichen dafür, dass es an der Zeit ist, zur Nahrungssuche aufzubrechen. Gemeinsam beraten wir, welche Richtung wir heute einschlagen, um mit reichlich Nahrung belohnt zu werden. Voller Tatendrang und mit einer Extraportion Motivation machen wir uns auf den Weg.

Was uns vorerst jedoch erwartet? Einige Misserfolge: Sträucher, die komplett leergeräumt sind. Und weit und breit keine essbaren Tiere in Sicht.

Aber wer weiß? Wer kann denn ausschließen, dass am nächstgelegenen Waldrand ein Strauch mit herzhaften Beeren auf uns wartet? Dieser Gedanke motiviert. Das Wasser läuft uns bereits im Mund zusammen. Diese motivierenden Gedanken lassen auch die bisherigen Misserfolge schnell in Vergessenheit geraten. Stattdessen wächst die Vorstellung von und somit auch die Hoffnung auf herzhafte Beeren. Die Motivation steigt und steigt. Schnellen Schrittes bewegen wir uns weiter, damit wir ehestmöglich den Waldrand erreichen. Dort angekommen können wir unser Glück kaum fassen: Wir finden einen Strauch voller reifer Beeren, die nur darauf warten, von uns eingesammelt und verspeist zu werden.

Genau das ist der Zeitpunkt, an dem unser Belohnungszentrum aktiv ist, Dopamin freigesetzt wird und wir mit einem Glücksrausch belohnt werden. Zurecht, es gibt großen Grund zur Freude.

Aber was passiert davor? Misserfolge und ein immer größer werdendes Hungergefühl? Nicht ausschließlich. Bereits am Anfang der Nahrungssuche malten wir uns bildlich aus, wie köstliches Essen zeitnah von unserem Mund in unseren Verdauungstrakt wandern wird. Und auch nach den Misserfolgen vermuteten wir Nahrung an der nächstmöglichen Stelle.

Genau hier passiert etwas Spannendes: Dopamin wird nicht nur am

Ende, also nach eintretendem Erfolg, ausgeschüttet. Nein, bereits vorab, also bei Vermutung eines Erfolges und bei der Vorstellung davon. Und besonders stark wirkt der Glücksrausch, wenn das Ergebnis ungewiss ist, man aber dennoch in Erwartung eines positiven Erfolges ist.

Wenn man bedenkt, dass Dopamin uns motiviert und antreibt etwas zu tun, wie in diesem Fall Nahrung zu suchen, ist dieser Mechanismus sehr klug.

> Die wiederkehrende Freisetzung von Dopamin löst kontinuierliche kleine Glücksräusche in uns aus, die uns dazu veranlassen zu suchen und dranzubleiben, bis der erhoffte Erfolg eintritt.

Heutzutage sind wir in vielen Fällen nicht mehr darauf angewiesen, unsere Nahrung stundenlang selbst zu suchen. Dieser uralte Ablauf ist jedoch noch immer tief in uns verankert.

Es gibt ein bekanntes Beispiel der heutigen Zeit, bei dem dieser Mechanismus sichtbar wird: der Spielautomat. Gehen wir davon aus, dass ich mit Leidenschaft spiele. In regelmäßigen Abständen besuche ich Cafés mit vielen bunten Spielautomaten. Ich bin guter Hoffnung und es fühlt sich so an, als würden meine Chancen heute besonders gutstehen. Zielstrebig betrete ich das Lokal, wähle einen Automaten aus und beginne damit, Münzen einzuwerfen. Gedanklich und emotional mache ich mich für den möglichen Gewinn bereit.

Doch wie viele Personen kennst du, die durch regelmäßiges Spielen wohlhabend geworden sind? Mir sind diese Beispiele bisher nicht bekannt. Was jedoch auch an meiner selektiven Wahrnehmung liegen kann. Nachdem Anbieter und Produzenten von Spielautomaten jedoch sehr wohl wohlhabend erscheinen, stelle ich die Hypothese auf, dass die Gewinnchancen nicht beim Spieler liegen.

Wenn die generellen Chancen eher gegen mich stehen, wieso spiele ich in diesem Beispiel dann trotzdem?

Auch hier kommen wieder mein Belohnungszentrum und Dopamin ins Spiel. Schon zu Spielstart werde ich mir bewusst, dass heute mein Glückstag sein könnte. Die Wahrscheinlichkeit für einen guten Gewinn ist vorhanden. Vielleicht habe ich in der Vergangenheit sogar schon erlebt, dass ein Gewinn tatsächlich möglich ist und ich will dieses Gefühl wiedererleben. Allein dieser Gedanke genügt, um einen Glücksrausch in mir auszulösen. Dopamin wird ausgeschüttet und motiviert mich weiterzumachen. Selbst wenn ich ein paar Mal verliere. Wer sagt denn, dass nicht die nächste Runde meine Glücksrunde ist? Oder die übernächste, oder die darauffolgende Runde.

Wie auf Nahrungssuche in Urzeiten setzen hier ähnliche innerliche Prozesse ein.

Ich bin also in Erwartung einer positiven Belohnung. Gleichzeitig ist diese Belohnung jedoch unsicher, da ich ja nicht genau weiß, wann sie eintritt. Dieses Prinzip wird auch „Random Rewards" genannt.

In Urzeiten förderte das Prinzip von „Random Rewards" und unsere Attraktion dafür unser Überleben. Heutzutage kann es sich ebenfalls noch positiv auswirken, jedoch auch destruktive Konsequenzen haben.

Unsere Urinstinkte, Belohnungen – und das Smartphone

Welche Rolle spielen nun unser Belohnungszentrum, Dopamin und Urinstinkte in Hinblick auf unsere Smartphone-Nutzung? Um dies zu verdeutlichen, lade ich dich dazu ein, die vorherigen Beispiele, also den Strauch mit Beeren oder den Spielautomaten, durch dein Smartphone zu ersetzen.

Könnte es sein, dass dein Smartphone ein Begleiter ist, der dir Belohnungen garantiert? Womöglich denkst du jetzt an viele nervige E-Mails, die tagtäglich auf deinem Display erscheinen. Und du fragst dich, welche

Belohnung die vielen Mails, gefüllt mit Arbeitsaufträgen deines Chefs, darstellen sollen?

Aber gehen wir eine Ebene tiefer. Vorher habe ich beschrieben, was unser Überleben, evolutionär gesehen, gefördert hat. Dazu gehört zum Beispiel, dass du ein anerkannter Teil einer Gruppe bist. Auch wenn die E-Mails deines Chefs nerven. Dennoch gibt es eine Person, die an dich denkt. Eine Person, die deinen Status hebt, indem sie dir wichtige Informationen oder Tätigkeiten anvertraut. Genau das hätte deine Überlebenschancen in der Urzeit massiv erhöht.

Teil einer Gruppe zu sein, wird auch in sozialen Netzwerken wunderbar suggeriert. Du postest ein Strandfoto aus deinem Urlaub. In der untergehenden Abendsonne posierst du am weißen Sandstrand mit klarem und türkisem Wasser im Hintergrund. Natürlich willst du dieses fantastische Foto mit deinen Freunden teilen. Schließlich willst du sie ja auch am Urlaub teilhaben lassen. Nur wenige Minuten nach dem Hochladen erreichen dich bereits die ersten Likes und Kommentare. Deine Freunde teilen ihre Anteilnahme, bewundern dich und lassen dich wissen, wo sie sich gerade befinden. Was löst diese Interaktion aus? Ganz klar, du wirst gesehen, du bist anerkannt und Menschen schenken dir ihre Aufmerksamkeit. Und somit bist du Teil einer Gruppe und ein Urinstinkt von dir ist befriedigt. Grund genug, dich nun reichlich mit einer Dosis Dopamin zu belohnen. Das fühlt sich gut an, das bleibt hängen und motiviert dich, genau diesen Prozess immer und immer wieder zu wiederholen.

Ein weiteres Beispiel bezieht sich auf die Nahrungssuche. Natürlich hat sich diese in der heutigen Zeit stark gewandelt. Nahrung ist kein unsicherer Faktor mehr und ich habe unzählige Möglichkeiten, um jegliches Essen zu kaufen und zu verspeisen. Lass uns jedoch auch hier wieder hinter die Kulissen und ein bisschen tiefer blicken. Gibt es in der heutigen Zeit Beispiele, die mit der Nahrungssuche, also mit der Motivation zum Suchen und Finden, vergleichbar sind? Wie sieht es zum Beispiel mit Online-Shops aus? Wie sehr freut es dich, wenn du ein Produkt, das genau heute im Angebot ist, ergattert hast? Ob du es tatsächlich brauchst oder nicht, das spielt oftmals keine Rolle. Das Suchen und Finden von Schnäppchen, Rabatten und angeblich einmaligen Angeboten lässt unsere Herzen höherschlagen. Zusätzlich bereitet es auch Freude, Informationen, Gerüchte, Neuigkeiten oder sogar Ideen für Dekorationen oder Basteleien zu finden. Und auch dafür wird in sozialen Netzwerken, wie Facebook, Instagram, Twitter, aber auch Pinterest genug geboten. Evolutionär ist dies vergleichbar mit dem Fund einer leckeren Mahlzeit und belohnt werden wir mit einem kräftigen Cocktail an Glückshormonen.

Was ist also, wenn unser Smartphone doch unbewusst mit außerordentlichen Belohnungen auf uns wartet? Zusätzlich sind auch diese Belohnungen ungewiss und unsicher. Aber wir wissen, dass sie immer wieder mal eintreten. Und bereits die Möglichkeit einer Belohnung kann überaus motivieren. Die unsichere Belohnung ist somit perfekt. Und unsichere Belohnungen, also „Random Rewards", wirken bekanntlich ja noch einmal ein Stück attraktiver auf uns.

Kurosch Yazdi ist auf Suchterkrankungen mit Schwerpunkt Verhaltenssüchte spezialisiert. Er leitet eine Suchtabteilung und hat zu diesem Thema auch das Buch *Junkies wie wir* verfasst. In seinem Buch beschreibt er unser menschliches Belohnungszentrum als Quell der Sucht. Drogensüchte, aber auch Verhaltenssüchte wie Essen, Shoppen oder Glücksspielen sorgen genau dort für einen Dopamin-Kick. Nachdem dies Teil unserer Biologie ist und wir alle ein Belohnungszentrum besitzen, schlummert in jedem von uns Suchtpotential. Jedoch unterstreicht er auch: Der Kern der Sucht, also der biologische Mechanismus, ist gut und sogar überlebenswichtig.

Frage dich selbst: In welchen Momenten greifst du besonders häufig zum Smartphone? Was ist der Auslöser dafür, was sind deine Reaktion darauf und welche Belohnung könnte dahinterstecken?

Sofortige Belohnung mag unser Gehirn am liebsten!

Für unser Gehirn ist es wunderbar, sofort belohnt zu werden. Wie du bereits weißt, mag es Sicherheit und den Energiespar-Modus. Beides wird erfüllt, wenn wir unmittelbares Feedback in Form einer Belohnung erfahren.

Die Digitalisierung fördert dieses Phänomen. Informationen oder Unterhaltung sind jederzeit verfügbar und erfordern fast keine Wartezeit mehr. Wie lange musst du dich gedulden, um einen spannenden Film anzuschauen oder ein gewünschtes Lied anzuhören? Dank Netflix, Amazon, Spotify und ähnlicher Dienste kostet es dich nur ein paar Sekunden, ehe du das Ergebnis anschauen oder anhören kannst. Wie lange dauert es, bis du auf Google Informationen oder Restaurant-Empfehlungen zu einer Stadt einholst, in die du gerade gereist bist? Je nach Lesegeschwindigkeit dauert es nur wenige Minuten, ehe du dich mit neuem Wissen bereichert hast.

Für unser Gehirn sind diese Szenarien ein wahres Schlaraffenland. Jede Unterhaltung, Information oder Kommunikation wirkt unbewusst wie eine Belohnung. Und wenn diese Belohnung sofort eintritt, ist kaum noch Energieaufwand notwendig.

Leider vergessen wir in diesem Zusammenhang eine wichtige Kehrseite.

Je mehr wir uns an diese unmittelbare und sofortige Belohnung gewöhnen, desto herausfordernder kann es werden, sich für langfristige Belohnung zu begeistern.

> *Wie attraktiv findet unser Gehirn langfristige und unsichere Erfolge in der Zukunft, wenn es auch sofort einen sicheren Erfolg erzielen kann?*

Vielleicht kennst du das: Du nimmst dir vor, an einem langfristigen Projekt zu arbeiten. Unter Umständen handelt es sich dabei um das Lernen für eine herausfordernde Prüfung, das Ausarbeiten einer Strategie für einen beruflichen Kunden oder um das Schmieden deiner langfristigen Lebensvision. Wahrscheinlich weißt du ganz genau, was zu tun wäre. Eventuell schreibst du dir sogar Meilensteine auf und legst dir einen Plan zurecht. Und dennoch, du kommst nicht in die Gänge. Viele Ausreden und andere Tätigkeiten kommen dir in die Quere. Sie halten dich davon ab, ins Tun zu kommen und den ersten Schritt in Richtung deines langfristigen Erfolges zu gehen.

Woher kommt das? Wie attraktiv wirkt ein Erfolg, der weit in der Zukunft liegt und dessen Eintreten und die damit verbundene Belohnung mit Unsicherheit behaftet ist? Vor allem im Vergleich zu einer Belohnung, die durch soziale Netzwerke, einen Film oder einfach ein Youtube-Video so nahe liegt.

Unser Gehirn urteilt hier nicht, wie „groß" der Erfolg zu sein hat. Also ob es sich um einen Studienabschluss oder um das Anschauen eines Clips auf Youtube handelt. Alles, was uns belohnt und wodurch Dopamin freigesetzt wird, fühlt sich in diesem Moment gut an.

Alexander Markowetz hat dieses Phänomen in seinem Buch *Digitaler Burnout* sehr ausführlich beschrieben. Er bezieht sich auf die Arbeit von

Piers Steel, der Erklärungen für Prokrastination bietet. Bei Prokrastination handelt es sich um das Aufschieben von bestimmten Tätigkeiten und Aufgaben. Hierzulande spricht man umgangssprachlich auch gerne von der „Aufschieberitis".

Doch warum schieben wir bestimmte Aufgaben auf und andere nicht? Steel behauptet, dass wir Menschen unbewusst oder bewusst die Nützlichkeit einer Tätigkeit bewerten und dementsprechend handeln. Die Nützlichkeit steigt, wenn unsere Erwartung groß ist, dass wir die Aufgabe meistern können und die Aufgabe einen Wert für uns darstellt. Außerdem hängt der Grad der Nützlichkeit von unserer eigenen Geduld sowie von der Dauer der Umsetzung, bis wir also ein konkretes Ergebnis sehen, ab.

Bestimmt hast du schon einmal die Umsetzung einer Tätigkeit hinausgeschoben. Täglich hast du dir versprochen, morgen damit zu starten, nur um am nächsten Tag das exakt Gleiche wieder zu tun. Dein schlechtes Gewissen hat dich vermutlich begleitet, aber es hat dich nicht daran gehindert, die Tätigkeit wieder auf morgen zu verschieben. Und dann plötzlich rückt die Deadline, sei es ein Abgabetermin, eine Präsentation oder ein anderer Termin, näher. Innerlicher Druck baut sich auf. Wird es sich ausgehen, das Projekt rechtzeitig abzuschließen? Immer mehr wird dir bewusst, wie knapp es werden könnte. Und genau hier passiert etwas Spannendes: Du verschiebst den Projektstart nicht mehr auf morgen. Stattdessen schiebst du alle Ablenkung beiseite, deine Motivation steigt und du startest. Heute ist der Tag, an dem die Belohnung in greifbare Nähe rückt. Der Zeitraum, bis du ein konkretes Ergebnis siehst, rückt näher. Das heißt, je schneller du ein Ergebnis deiner Tätigkeit sehen kannst, desto eher bewertest du auch die Nützlichkeit der Aufgabe als hoch.

Welche Rolle spielen nun digitale Medien in Bezug auf Prokrastination? Das Smartphone und ähnliche Medien schenken uns unendlich viele Möglichkeiten, um sofort belohnt zu werden. Im Vergleich zu langfristigen Tätigkeiten wirkt diese Art von kurzfristigen Belohnungen sehr attraktiv auf uns.

Die Kehrseite ist also, dass sich jeder Klick, auf den eine schnelle Reaktion folgt, gut anfühlt. Mitunter sogar besser als der Gedanke an eine unsichere Belohnung in der fernen Zukunft.

Nachdem es sich gut anfühlt, tendieren wir dazu, Aktionen mit sofortiger Belohnung zu wiederholen und diese Gewohnheiten zu festigen. Nun braucht es zukünftig immer mehr und mehr Willenskraft, um aus der kurzfristigen Belohnung auszusteigen und dich langfristigen Projekten zu widmen.

Markowetz beschreibt: Indem wir kurzfristigen Belohnungen nachgeben, gewöhnen wir uns immer mehr an schnellen Spaß. Zusätzlich verlernen wir, uns zu gedulden. Stell dir vor, du führst genau diese Handlungen tagein, tagaus aus. Mal dir dein Verhalten in einigen Jahren aus. Vermutlich muss für dich in der Zukunft alles noch schneller gehen. Warten senkt deine Laune und so tun es langfristige Tätigkeiten, deren Ergebnisse in ferner Zukunft liegen. Prokrastination und Ungeduld werden deine ständigen Begleiter. Und all das nur, weil du dich oft von schneller Belohnung verführen hast lassen und genau danach süchtig geworden bist.

Wenn übermäßige Smartphone-Nutzung zur Gewohnheit wird

Nehmen wir einmal an, dass du gelegentlich auf dein Smartphone schaust. In unregelmäßigen Abständen prüfst du deine sozialen Netzwerke. Vielleicht ist ja die eine oder andere Nachricht eingetroffen? Und hin und wieder ertappst du dich selbst dabei, wie du in deinem Wohnzimmer am Sofa sitzt und sinnbefreit von App zu App springst und die Zeit dabei vergisst.

All das ist weder verwerflich noch beunruhigend. Nichts spricht dagegen, sich einmal ganz bewusst vom Smartphone verführen zu lassen.

Problematisch wird dieses Muster, wenn es sich zu einer automatisierten Routine etabliert und sich daraus eine tiefliegende Gewohnheit formt, die sogar weitere Lebensbereiche beeinflussen kann.

Wir wissen nun: Unser Gehirn spart gerne Energie. Jeglicher Automatismus, jede Routine und jede Gewohnheit helfen deinem Gehirn dabei, genau dies zu tun.

Das ist sehr einleuchtend. Wäre es nicht unglaublich anstrengend, sich über jede kleine Entscheidung Gedanken zu machen? Indem du Automatismen entwickelst und nicht über jede Einzelheit bewusst nachdenken musst, schafft dein Gehirn Kapazitäten für andere Funktionen, Handlungen oder Tätigkeiten.

Solltest du bereits seit einigen Jahren im Besitz eines Führerscheins sein, dann hinterfragst du vermutlich nicht bei jeder Autofahrt, wo sich Gas, Bremse und Kupplung befinden. Das spart Energie und nimmt Komplexität. Zusätzlich erlaubt dieser Prozess deinem Gehirn, die Aufmerksamkeit auf andere Dinge zu lenken, beispielsweise den Straßenverkehr.

> *Gewohnheiten werden also geformt, da dein Gehirn effektiv agiert. Wie allerdings entstehen Gewohnheiten und was haben sie mit dem Smartphone-Verhalten zu tun?*

Charles Duhigg beschreibt in seinem Buch *The Power of Habit* den Prozess einer Gewohnheitsschleife.

Zuerst gibt es einen Auslöser, der dich dazu veranlasst, in einen automatischen Modus umzuschalten. Der Auslöser ist deinem Gehirn bereits bekannt. Nehmen wir zum Beispiel das Autofahren: Der Auslöser ist das Aufsperren deines Autos.

Als Reaktion folgt eine Handlung: eine Routine, die du aufgrund des

Auslösers automatisch ausführst. Die Reaktionen, nachdem du dein Auto aufgesperrt hast, werden hauptsächlich physischer Natur sein: Du gurtest dich an, stellst die Spiegel für dich passend ein und startest dein Auto. Neben physischen Reaktionen kannst du ebenso mit mentalen oder emotionalen Handlungen reagieren.

Und am Ende wartet eine Belohnung auf dich. In diesem Beispiel kann die Belohnung der Transport von A nach B sein oder einfach das Gefühl von Unabhängigkeit und Freiheit. Dank der Belohnung versteht dein Gehirn, ob es sinnvoll ist, diese Gewohnheitsschleife abzuspeichern oder nicht.

Nun haben wir bereits besprochen, dass es sich bei Belohnungen nicht um sichtbare Erfolge handeln muss. Auch ein subtiler, unbewusster Vorteil für dich kann unbewusst als Belohnung dienen. Es kann sogar so weit gehen, dass die Belohnung nicht einmal ein positives Ereignis ist, sondern die Vermeidung einer negativen Konsequenz.

Diese Verhaltensweise beschreibt auch, wie Kinder lernen. Um dies zu verdeutlichen, möchte ich hier ein Beispiel aufzeigen:

An einem schönen Sonntagnachmittag geht eine Mutter mit ihrem Kind spazieren. Sie schlendern gemeinsam die Straße entlang, bevor sie sich der Stadt nähern und an eine stark befahrene Straße gelangen. Zweispurig rasen die Autos in hoher Geschwindigkeit vorbei, sodass es für Fußgänger herausfordernd ist, die Straße zu queren. Zum Glück gibt es Zebrastreifen und Fußgänger-Ampeln. Somit haben auch Fußgänger die Chance, das Stadtzentrum sicher zu erreichen. Die Mutter geht also mit dem Kind die Straße entlang und das Kind hüpft vergnügt am Gehsteig herum. Es ist noch zu jung, um sich der Gefahr der vielen Autos bewusst zu sein. Bei der Ampel angekommen, macht es keinerlei Anstalt stehenzubleiben. Es hüpft vergnügt bis zum Moment, an dem die Mutter forsch eingreift und das Kind mit direktiver Stimme auffordert, stehenzubleiben. Sichtlich erschreckt von der plötzlichen Strenge zuckt das Kind etwas zusammen. Die Mutter senkt die Stimme, zeigt auf die rote Ampel und erklärt ihrem Kind, wie man sich in dieser Situation zu verhalten hat: stehenbleiben und warten, bis die Ampel grün anzeigt. Danach den Blick nach links und rechts schwenken und die Straße sicher überqueren. Nachdem Mutter und Kind das andere Ende der Straße sicher erreicht haben, lobt die Mutter das Kind und bestätigt, dass es diese Herausforderung gerade bravourös gemeistert habe.

Wenn Mutter und Kind am nächsten Tag die Stadt verlassen, um in ein kleines und ländliches Bergdorf ohne Ampel zu ziehen, wird die rote Ampel sowie das dazugehörige gewünschte Verhalten vermutlich schnell in Vergessenheit geraten. Besucht das Kind ab sofort jedoch öfter die Stadt, begegnet es der Ampel immer wieder. Regelmäßig wird es beobachten, welches Verhalten in dieser Situation erwünscht ist und somit wird sich ziemlich schnell eine Gewohnheit bilden.

Der Auslöser für das Einsetzen des Automatismus ist der Anblick der Ampel. Das Kind sieht die Ampel und ein Automatismus im Gehirn sagt: rote Ampel heißt stehenbleiben und grüne Ampel heißt gehen. Genau dieses Verhalten kann als die Routine beschrieben werden, die in diesem Fall aus einer physischen Bewegung besteht. Was ist die Belohnung? Das Gefühl von Anerkennung und Lob. Das Kind hat gelernt, dass es für dieses Verhalten von der Mutter gelobt wird – und das fühlt sich gut an.

Je öfter dieser Prozess wiederholt wird, desto stärker entwickelt sich eine Gewohnheitsschleife. Also nicht nur der wahrgenommene Vorteil, sondern auch die Häufigkeit der Wiederholung fördern das Bilden einer Gewohnheit. Diese prägt sich immer stärker im Gehirn ein, wird dann nicht mehr hinterfragt, sondern völlig automatisch und unbewusst ausgeführt.

Gewohnheiten können sehr förderlich sein. Beim Beispiel mit der Ampel kann man davon ausgehen, dass die dazugehörige Gewohnheit einen Vorteil bringt. Sehr viel gefährlicher wäre es, wenn das Kind bei jedem Stadtbesuch versuchen würde, heiter über die voll befahrene Straße zu hüpfen.

Allerdings gibt es auch Gewohnheiten, die hinderlich wirken. Denke zum Beispiel an Momente, wo du täglich auf dem Sofa sitzt und Schokolade oder Chips verschlingst. Doch eigentlich willst du das gar nicht. Denn eigentlich hast du dir fest vorgenommen, ab sofort täglich ins Fitnessstudio zu gehen und den Schokoladen- oder Chipskonsum auf ein Minimum zu reduzieren.

Das Problem? Die Gewohnheit am Sofa zu sitzen und Leckereien zu naschen, hat sich bereits tief in dir verankert. Nachdem du einen subtilen Auslöser dafür erfährst, wird dieses Muster ganz automatisch gestartet. Leider unterscheidet unser Gehirn nicht zwischen Gewohnheiten, die gut für uns sind und Gewohnheiten, die weniger förderlich für uns sind.

Der Griff zum Smartphone läuft deshalb meist vollständig automatisiert ab, weil er bereits unzählige Male wiederholt wurde und als Gewohnheit tief verankert wurde.

Nehmen wir einmal an, dass du vor einigen Jahren dein erstes Smartphone gekauft hast. Zuvor hattest du ein Tastenhandy, das du ausschließlich zum Telefonieren und für das Versenden von wenigen Nachrichten verwendet hast. Vielleicht hattest du ein Nokia Handy mit dem bekannten Spiel „Snake" installiert. Hin und wieder spieltest du also eine Runde Snake, aber im Grunde wurde auch das schnell langweilig. Dein Handy blieb also die meiste Zeit deines Tages unberührt und tief in deiner Tasche vergraben.

Unter der Woche arbeitetest du täglich und am Ende des Arbeitstages nahmst du den Bus, um die Heimreise anzutreten. Manchmal hast du bekannte Gesichter getroffen, die mit dir gemeinsam auf den Bus warteten. Es entstanden Gespräche sowie neue Bekanntschaften. Deine Laune hob sich schlagartig.

Der Kauf eines Smartphones aber ändert so einiges. Der nächste Arbeitstag endet und wie gewohnt machst du dich wieder auf den Weg zur Bushaltestelle. Als ob du das Pech anziehen würdest, hast du den Bus gerade soeben verpasst und wurdest mit der maximalen Wartezeit beschenkt. Du siehst den Bus noch am Ende der Straße um die Ecke biegen. Was für ein toller Zeitpunkt, um alle Möglichkeiten des Smartphones auszutesten! Du öffnest deine Tasche, kramst dein neues Smartphone raus und verbindest dich mit dem Internet, mit „der Welt". Die Zeit vergeht wie im Flug, und ehe du das erste Mal deinen Blick hebst, steht schon der nächste Bus vor dir. Du suchst dir einen Sitzplatz am Fenster und widmest dich wieder deinem Smartphone.

Und genau dieses Muster wiederholst du ab sofort vermutlich täglich.

Eine Gewohnheit wird geformt und durch die Wiederholung tief in dir verankert. Der Auslöser dafür ist die Bushaltestelle. Sobald du dich ihr annäherst, startet dein Automatismus: Du greifst zum Smartphone und hebst deinen Blick erst wieder, um in den Bus zu steigen oder um deine Haustüre aufzusperren. Was ist die Belohnung? Du umgehst Langeweile und zusätzlich hält das Internet haufenweise weitere und unbewusste Belohnungen für dich bereit.

Mit der Zeit hat sich die Gewohnheit so tief verankert, dass du die Menschen, mit denen du früher Gespräche führtest, gar nicht mehr wahrnimmst und Langeweile nicht mehr zulässt. Es ist auch schon ganz egal, an welcher Bushaltestelle du dich befindest. Ob die Haltestelle neben deiner Arbeit oder am Weg zu einer Freundin: Jede Haltestelle ist ein unbewusster Anreiz für dich, dein Smartphone zu zücken.

Genau dieses Beispiel kann auf ganz viele Situationen des Alltags übertragen werden. Das Hinsetzen auf dein Sofa als Auslöser, um dein Smartphone in die Hand zu nehmen. Der morgendliche Wecker deines Smartphones, der dich gleich motiviert, alle Apps zu durchstöbern. Das Aufstehen deiner Freundin in einem Café, um auf das WC zu gehen, als unbewusstes Zeichen, dass es jetzt an der Zeit ist, dein Smartphone zu checken. Das Hochfahren deines Computers am Arbeitsplatz, das als nächsten Schritt sofort das Öffnen des E-Mail-Programms zur Folge hat. Oder das Eintreffen einer Whatsapp-Nachricht, die dich innerlich auffordert, sofort antworten zu müssen.

Das Problem ist also, dass unser Smartphone-Verhalten mit einer oft unbewussten Belohnung verknüpft ist. Und wir unser exzessives Smartphone-Verhalten bereits so oft wiederholt haben, bis es zum festen Bestandteil unseres Lebens wurde. Eine Gewohnheit hat sich geformt.

Nimm dir einen Moment Zeit, um deinen Alltag durchzugehen und zu hinterfragen, in welchen Bereichen deines Smartphone-Konsums sich Gewohnheiten geformt haben, die du regelmäßig und automatisch ausführst.

Warum fällt uns unser Verhalten nicht auf?

Viele Menschen nehmen wahr, dass ihnen ein exzessiver Smartphone-Konsum nicht guttut. In meiner Praxis erzählen mir Klienten immer wieder, dass dauernde Erreichbarkeit, ständiger Vergleich oder pausenlose Ablenkung ganz schön stressen können. Sie nehmen eine erhöhte innere Zerrissenheit wahr und fühlen sich unwohl und fremdbestimmt.

Auch ich nehme in bestimmten Phasen meines Lebens wahr, dass ich mich dadurch gestresst fühle. Vor allem dann, wenn ich ohnehin nicht in meiner Mitte ruhe oder einem Termin nach dem anderen hinterherhetze.

Gerade in diesen Zeiten lasse ich mich von Erreichbarkeit, Vergleich und Ablenkung leiten und oftmals auch bestimmen.

Warum dieser exzessive Konsum stressen kann, darauf werden wir im nächsten Kapitel eingehen. Doch wenn wir uns oftmals gestresst fühlen, wie kommt es dann, dass nur wenige Menschen ihr derzeitiges Verhalten hinterfragen? Gehörst du zu den Personen, die unsere kollektive Smartphone-Normalität ab und an in Frage stellen? Vielleicht aber setzt du dich auch jetzt gerade zum ersten Mal mit diesem Thema auseinander.

Ich habe dir im ersten Kapitel davon berichtet, wie ich dazu gekommen bin, den Status Quo zu hinterfragen. Je mehr ich zur Smartphone-Nutzung, zu den Mechanismen unseres Gehirns und zu den Auswirkungen des intensiven Online-Konsums recherchierte, desto größer wurde mein Interesse. Ich brannte dafür, wollte mehr dazu erfahren und mich mit anderen Menschen austauschen. Vor allem, wenn einem selbst ein Thema so wichtig ist, denkt man oftmals, es müsse doch jeder Person gleich gehen. Zu meiner Verwunderung wurde ich mit dem Gegenteil konfrontiert. Das Thema der exzessiven Smartphone-Nutzung fand relativ wenig Anklang in meinem Bekanntenkreis. Das war für mich durchaus schwer zu akzeptieren. Vor

allem dann, wenn man objektiv sehen konnte, wie unruhig und gestresst das Gegenüber war.

Regelmäßig wunderte ich mich: Will niemand sehen, wie sich ein exzessiver Smartphone-Konsum auswirkt? Wieso verschließen so viele Menschen die Augen vor den Konsequenzen, selbst wenn sie darunter leiden?

Eines war mir bewusst: Das Smartphone ist ein anerkannter und nicht mehr wegzudenkender Teil unseres Lebens. Es ist so etabliert und so normal in unserer Gesellschaft, dass man eventuell gar nicht auf die Idee kommt, die Nutzung zu hinterfragen.

Smartphones sind weder verboten noch verpönt. Es ist gesellschaftlich vollständig anerkannt, mit dem Blick auf das Smartphone gerichtet durch die Straßen zu laufen. Mehr als das: In China gibt es bereits gesonderte Gehwege für Smartphone-Nutzer oder staatliche Belohnungen für Dinge, die über das Smartphone getracked werden. Es wird also sogar unterstützt, sein Smartphone ununterbrochen zu nützen.

In einer Welt, wo es so normal und modern ist, sein Smartphone rund um die Uhr griffbereit zu haben, fällt es also gar nicht auf, wenn man sinnlose Stunden am digitalen Gerät hängt.

Wäre die Nutzung gesellschaftlich nicht so angesehen, würde die Welt vermutlich anders aussehen. Wie viel Akzeptanz würdest du ernten, wenn du auf öffentlicher Straße am helllichten Vormittag grölend und betrunken durch die Straße ziehen würdest? Alkohol ist eine Droge, die bis zu einem gewissen Grad durchaus gesellschaftlich anerkannt ist. Zumindest in Maßen und zu bestimmten Tageszeiten. Doch stell dir diese Situation an einem sonnigen Vormittag vor: Wie würden vorbeigehende Passanten auf dich reagieren? Glaubst du, sie schenken dir ein Lächeln oder versuchen sie eher, das Geschehen zu ignorieren und machen einen weiten Bogen um dich?

Wurde um dich schon einmal ein weiter Bogen gemacht, weil du am

Smartphone warst? Hast du spöttische Blicke geerntet, weil du seit zehn Minuten vor einem Café in der Stadt stehst, auf deine Freundin wartest und die gesamte Wartezeit auf Facebook verbracht hast?

Hier siehst du plakativ, was gesellschaftlich anerkannt ist und was nicht. An dieser Stelle möchte ich unterstreichen: Ich will hier keine Sucht befürworten. Lediglich will ich aufzeigen, dass wir wenig Grund haben, unser Smartphone-Verhalten zu reflektieren, wenn es gesellschaftlich vollkommen integriert ist.

Dennoch befinden sich vermutlich mehr Personen in einer Smartphone-Abhängigkeit, als wir wahrhaben wollen. Das Buch von Kurosch Yazdi, *Junkies wie wir*, bringt hier gute Einsichten. Bei einer Sucht, verbunden mit dem Smartphone, handelt es sich um eine Verhaltenssucht. Die Belohnung bei dieser Sucht ist keine Substanz, wie sie es zum Beispiel bei Alkohol oder Drogen ist. Es ist ein bestimmtes Verhalten, das den „Stoff" darstellt. Im Falle des Smartphones ist es das Klicken auf Apps, das Erhaschen von Likes oder das ständige Onlinesein. Und auch Yazdi unterstreicht: „Keine Verhaltenssucht suggeriert soziale Normalität so perfekt wie die Internetsucht und ist dabei genauso asozial wie Heroin und andere Substanzsüchte." Wenn man bedenkt, dass man durch ein exzessives Onlinesein sogar seinen Status in den sozialen Netzwerken hebt, Geld damit verdienen kann und Wertschätzung erhält, dann ist an diesen Worten etwas Wahres dran.

Was noch dazukommt? Auch große Unternehmen haben Interesse daran, dass wir danach streben, dauerhaft online zu sein. Denn das Ziel eines Unternehmens ist es, wirtschaftlich erfolgreich zu sein. Und unser Smartphone-Konsum kann in der Tat zum Segen für den Wirtschaftserfolg so mancher Unternehmen werden.

In seinem Buch beschreibt Nir Eyal, warum unsere Smartphone-Gewohnheiten gut für das Geschäftsergebnis sein können. Die regelmäßige

Anwendung erzeugt früher oder später eine Gewohnheit. Diese wiederum steigert die Kundenbindung. Die Kunden konsumieren ein Produkt aus eigenem Antrieb. Früher oder später ganz automatisch und absolut freiwillig. Nicht mal Werbekampagnen sind mehr notwendig.

> *Und einmal etablierte Gewohnheiten zu verändern, erfordert viel Bewusstsein, Energie, Willenskraft und auch Durchhaltevermögen.*

Deshalb werden sie auch so leicht nicht mehr geändert.

Nir Eyal bringt hier ein plakatives Beispiel: Welche Online-Suchmaschine verwendest du? Gehen wir davon aus, dass du bevorzugt die Google-Suche aktivierst. Wie oft hast du in den letzten Jahren als Alternative die Suchmaschine Bing verwendet? Die zwei Plattformen sind vergleichsweise ähnlich und bieten ein fast identes Angebot. Dennoch wirst du in der Praxis vermutlich die altbekannte Suchmaschine verwenden. Warum? Weil du Online-Recherche und den dazugehörigen Prozess bereits als Gewohnheit integriert und abgespeichert hast. Jede Änderung würde Energie und Anstrengung kosten.

Für Unternehmen besonders interessant ist es, wenn ein Produkt in die Alltagsroutine eingebaut wird und in diesem Zusammenhang zur Gewohnheit wird. Dieses Szenario kann besonders lukrativ wirken, da Kunden dann plötzlich bereit sind, für ein Online-Produkt zu bezahlen oder zu einer Premium-Mitgliedschaft zu wechseln.

Und selbst dann, wenn Kunden das Produkt scheinbar kostenlos konsumieren, bezahlen sie mit alternativen Währungen. Beispielsweise ihren Daten oder dass ihnen auf sie zugeschnittene Werbeanzeigen gezeigt werden. Genau dieses Phänomen können wir bei Facebook, Twitter, Instagram und Co. wahrnehmen.

Hättest du ein wirtschaftlich handelndes Online-Unternehmen, wäre dein Interesse vermutlich auch groß, dass Kunden so lange wie möglich online verweilen, interagieren und sogar freiwillig von deinem Angebot erzählen, um noch mehr Personen auf die Plattform zu bekommen. Vermutlich hättest du sogar Interesse daran, dass dein Angebot zur Alltagsgewohnheit wird und kaum mehr aus dem Leben wegzudenken ist. Denn genau dieser Prozess führt zu Loyalität und damit auch zu Kaufkraft.

Zusammenfassend möchte ich mit Worten von Alexander Markowetz schließen. Sein Erklärungsmodell für unser exzessives Nutzungsverhalten bringt es sehr gut auf den Punkt: „Apps sprechen bei uns unbewusste Automatismen an, die uns instinktiv zu einer Handlung verleiten."

Wie viel
Menschlichkeit
steckt in unserer
digitalen Zukunft?

Digitale Medien versprechen, uns zu unterstützen, Verbindungen untereinander zu stärken und uns mehr Zeit für das Wesentliche zu gewähren. Inwiefern werden genau diese Versprechen eingehalten? Bereits in den vorangegangenen Kapiteln habe ich erzählt, was ich wahrnehme, wenn ich mich im Alltag umschaue. Es ist vollkommen offensichtlich: Wir lassen digitale Medien in immer mehr Bereiche unseres täglichen Lebens. Dies tun wir freiwillig und mit viel Begeisterung. Oftmals zahlen wir auch noch Geld dafür.

Gewiss ermöglichen uns digitale Medien viele Chancen. Sie eröffnen Möglichkeiten, an die wir Jahre zuvor noch nicht einmal zu denken gewagt haben. Doch was sind Nebeneffekte dieses offenen Empfangs von digitalen Medien? Um diese Nebeneffekte zu sehen, braucht man kein Experte zu sein. Es reicht, ganz bewusst einen Blick auf sich und auf das Umfeld zu lenken und einfach nur zu beobachten.

Nebenwirkungen der digitalen Medien

Was also sind Nebenwirkungen der digitalen Medien, die uns in der Gegenwart beeinflussen und möglicherweise Auswirkungen darauf haben, wie wir ein erfülltes Leben führen können?

Langeweile gibt es nicht mehr

Wann war dir zum letzten Mal so richtig langweilig? Sicher kennst du den Zustand noch aus deiner Kindheit. Erinnerst du dich an den Moment, in dem du rein gar nichts zu tun hattest und hin- und herüberlegt hast, womit du die Zeit gerade füllen könntest?

Denk an deine letzte langweilige Situation zurück und frage dich, wie du auf diese Situation reagiert hast. Eventuell hast du dein Smartphone gezückt und die zeitliche Lücke mit Besuchen auf sozialen Medien, Nachrichtenportalen oder ähnlichen Diensten genützt. Es kann sogar sein, dass diese Handlung präventiv passiert ist. Also noch bevor eine tatsächliche Langeweile oder innerliche Leere auftrat, hast du bereits dein Smartphone aktiviert. So kann Langeweile gar nicht erst aufkommen.

Stell dir vor, du sitzt in einem wunderschönen Café mit einer guten Freundin. Nachdem ihr in unterschiedlichen Städten wohnt, habt ihr euch lange Zeit nicht gesehen. Jedes Mal, wenn ihr euch trefft, habt ihr euch viel zu berichten: Neuigkeiten im Familien- und Berufsleben und den neuesten Klatsch und Tratsch über gemeinsame Jugendfreunde. Ihr versteht euch blendend und die Zeit scheint still zu stehen. Es tut so gut, deine Freundin wiederzusehen und miteinander zu lachen. Ihr bestellt gerade einen weiteren Kaffee, als deine Freundin suchend umherschaut. Flink steht sie auf, entschuldigt sich für einen Moment und verschwindet hinter der Türe zur Toilette.

Nun sitzt du da: allein und in Ruhe. Wie fühlt sich das an? Spürst du ein unterschwelliges Gefühl von Leere, das sich immer weiter in dir ausbreitet? Gerade noch prallten unzählige Eindrücke durch zahlreiche Geschichten und Bilder auf dich ein. Nun nimmst du zwar die Hintergrundgeräusche des Cafés wahr. Im Grunde ist es jedoch still.

Bestimmt hast du eine ähnliche Situation bereits mehrfach erlebt. Ich lade dich dazu ein, zu reflektieren, wie du hier im Normalfall reagierst. Genießt du die paar Minuten Stille, atmest bewusst, um zur Ruhe zu kommen oder beobachtest, was sich sonst noch so im Café tut? Oder zückst du dein Smartphone und nützt diese Pause, um in deine Online-Welt einzusteigen? Ein paar Klicks und du bist wieder verbunden mit der gesamten Welt. Die Stille verblasst und du bist wieder Teil des pulsierenden Lebens.

Schnell prüfst du deine WhatsApp-Nachrichten und antwortest auf einige davon. Schließlich hast du die Nachrichten ja gelesen und dein virtuelles Gegenüber ist durch zwei blaue Haken bestens darüber informiert. Du willst niemanden verärgern und umgehende Reaktionen zeigen: Also antwortest du schnell und mit vielen bunten Herzen und Emojis. Ein paar Minuten später hebst du deinen Blick. Du warst tief versunken in deine Tätigkeiten am Smartphone. Dabei hast du gar nicht bemerkt, dass deine Freundin dir bereits wieder gegenübersitzt und dich anlächelt. Schnell legst du dein Smartphone zur Seite und versuchst deinen Fokus wieder auf deine Freundin zu lenken. Aber wo seid ihr noch einmal stehengeblieben im Gespräch?

Momente im Alltag, die Langeweile entstehen lassen könnten, werden heute gerne außer Kraft gesetzt: an der Supermarktkassa, an der Bushaltestelle oder nach einem harten Arbeitstag auf dem Sofa sitzend. Auf und ab scrollen, bis die potenzielle Langeweile wieder vergangen ist. Dabei handelt es sich im Fall der Supermarkt-Warteschlange lediglich um ein paar Minuten. Am Abend auf dem Sofa sitzend, können aus ein paar wenigen Minuten jedoch auch locker Stunden werden.

Eines haben diese Minuten oder Stunden gemeinsam:

> Lieber scrollen wir zum zehnten Mal Timelines von sozialen Medien, Online-Nachrichten oder gar unsere eigenen Fotogalerie auf und ab, als nichts zu tun. Als ein wenig Langeweile auszuhalten.

Vermutlich fragst du dich nun, weshalb das Thema Langeweile als eine Nebenwirkung gelistet ist. Nebenwirkungen fühlen sich doch oftmals negativ an. Langeweile aus dem Weg zu gehen ist doch ein positives Resultat. Wurde uns nicht bereits von früh an mitgegeben, dass wir ständig beschäftigt sein sollten und ständiges Tun uns im Leben weiterbringt? Somit muss das Gegenteil, das Nichtstun oder die Langeweile, doch etwas Unangenehmes sein? Das Smartphone als Beschäftigungshilfe kommt da sehr gelegen und ist eine willkommene Lösung.

Es stimmt schon: Ständiges Tun und beschäftigt Wirken ist in unserer Gesellschaft hoch angesehen. Wie oft bist du schon Personen begegnet, die sich durch ihre Geschäftigkeit definieren? Personen, die stolz darauf sind, wenn sie an möglichst vielen Meetings teilnehmen. Welche sie wiederum dafür nützen, um parallel wichtige E-Mails zu beantworten. Und gerne dürfen auch alle anderen Teilnehmer des Meetings davon Notiz nehmen. Denn je beschäftigter man wirkt, desto wichtiger erscheint der eigene Status.

Nur weil geschäftiges Tun in unserer westlichen Gesellschaft einen hohen Stellenwert genießt, heißt es deshalb gleichzeitig, dass es sinnvoll ist? Dass es uns guttut und zu unserer Produktivität beiträgt?

Könnte es nicht im Gegenteil sein, dass sich Pausen auf uns sowie unsere Produktivität positiv auswirken? Im Sport hat man längst erkannt, dass nach einer intensiven Trainingsphase eine Regenerationsphase folgen sollte. Wieso soll das bei geistiger Arbeit und dazugehörigen Pausen anders sein? Schlussendlich strömen in jeder Sekunde unendlich viele Eindrücke auf uns ein. All diese Eindrücke werden von unserem Gehirn verarbeitet. Keine Frage: Das kostet Energie. Pausen im Alltag, das Nichtstun oder sogar Langeweile würden eine wunderbare Regenerationsmöglichkeit für unser Gehirn bieten. Würden wir diese Pausen nützen, könnten wir wieder wertvolle Energie tanken. Stattdessen greifen wir liebend gerne zum Smartphone und heißen erneut Eindrücke willkommen. Diese müssen verarbeitet werden und lösen darüber hinaus noch Emotionen aus. Auch das kostet Energie.

Pausen gelten oft als Zeitverschwendung. In meiner Praxis erzählen mir Personen manchmal, dass sie keine Pausen brauchen. Und außerdem hätten sie ohnehin keine Zeit, um sich eine Pause zu nehmen. Als ob es eine Schande sei, sich regelmäßige Pausen zuzugestehen.

Dabei bringen genau diese unglaubliche Vorteile mit sich. Und haben das Potenzial, die Produktivität zu steigern. Wenn du also am Arbeitsplatz bewusst eine Ruhepause einlegst, kannst du deinem Vorgesetzten mit gutem Gewissen erklären, dass du damit deine Produktivität steigerst. Durch Pausen erhalten wir mentale und körperliche Gesundheit und aktivieren unsere Leistungsfähigkeit.

Wir haben bereits vom Sympathikus und vom Parasympathikus gehört. Das sind zwei Nervenstränge, die Teil des vegetativen Nervensystems sind. Das Nervensystem, das automatisierte Abläufe deines Körpers steuert. Um hier nur ein paar Beispiele zu nennen: Unsere Verdauung, das Immunsystem, aber auch die Sexualität – all das wäre ohne unser vegetatives Nervensystem schwer möglich. Die zwei Nervenstränge, Sympathikus und Parasympathikus, garantieren unser Überleben, wobei sie unterschiedliche Aufgaben verfolgen.

Der Sympathikus ist der aktivierende unter den beiden. Er kann veranlassen, dass sich alle Körperfunktionen einschalten, um Reaktionen wie „Kampf oder Flucht" zu ermöglichen. Er trägt dazu bei, dass wir zu Höchstleistungen im Stande sind oder in einer Gefahrensituation blitzschnell reagieren können.

Sein Gegenstück ist der Parasympathikus. Er ermöglicht es uns, uns zu erholen und zu regenerieren. Eine lebensnotwendige Fähigkeit, um unseren Körper nach einer Höchstleistung wieder in Balance zu bringen. Durch ein intaktes Zusammenspiel der beiden haben wir eine gute Voraussetzung dafür, im Einklang und in Balance zu leben.

Die heutige Realität sieht jedoch oft anders aus: aufstehen und Neuigkeiten am Smartphone prüfen. Parallel dazu für den Tag fertig machen und frühstücken. Die Autofahrt in die Arbeit wird für das Beantworten eines Anrufes genützt, rote Ampel-Phasen für die Beantwortung von ein paar Nachrichten. Etwas zu spät in der Arbeit angekommen, wird schnellen Schrittes ins Büro gehetzt. Auch die Zeit, die der Computer zum Hochfahren benötigt, kann effizient genützt werden: Die ersten Mails kann man ja auch schon über das Smartphone lesen und kurz und bündig beantworten. Danach geht es in das erste von zahlreichen Meetings dieses Tages. Am Weg zum Meeting noch schnell ein Telefonat führen. Das Gegenüber am Telefon kurzhalten, damit die Verspätung zum Meeting nicht allzu groß wird, ehe man sich niederlässt und zumindest mit einem Ohr zuhört. Und genau in diesem Rhythmus nimmt der Tag seinen Lauf.

Einzelfall? Fehlanzeige. Dieses Beispiel beschreibt die Routine vieler Menschen. Findest du darin eine Pause wieder? Unwahrscheinlich, das wäre wohl zu ineffizient.

Was hier passiert, ist eine dauerhafte Aktivierung des Sympathikus, also des Nervenstrangs des vegetativen Nervensystems, der uns in Alarmbereitschaft versetzt. Die Auswirkungen haben wir im vorigen Kapitel bereits besprochen: Muskelanspannungen, schnellerer Herzschlag, erhöhter Blutdruck und so weiter. Unser Gehirn und unser Körper machen sich bereit für einen Kampf oder eine Flucht. Der tatsächliche Kampf oder die Flucht wird jedoch nicht ausgeführt, noch wird eine Ruhephase eingelegt, um dem Körper zu signalisieren, dass alles in Ordnung ist. Stattdessen bleibt der Sympathikus aktiv sowie der Parasympathikus gehemmt.

Spätestens jetzt sollte klar sein, welche Auswirkungen der dauerhaft aktivierte Sympathikus auf unsere mentale und körperliche Gesundheit haben kann.

Regelmäßige bewusste Pausen und Phasen des Nichtstuns aktivieren also unseren Parasympathikus. Genau das entspannt, fördert unsere Gesundheit und stellt ein Gleichgewicht in uns her. Sind wir im Gleichgewicht, fällt es uns auch wieder leichter, phasenweise Höchstleistungen zu erbringen und wir bleiben generell leistungsfähiger.

Und wem dieser Aspekt noch nicht reicht, dem sei auch gesagt, dass die eigene Kreativität gesteigert werden kann, wenn man sich in einem entspannten Zustand befindet. Kennst du die Situation, wenn du verzweifelt eine Lösung für ein Problem suchst? Du denkst, denkst und denkst und hast alle Szenarien bereits durchgespielt. Aber nichts fühlt sich stimmig oder passend an. Du recherchierst weiter, suchst Inspiration im Internet und überlegst weiter. Wieder nichts. Keine originelle Idee. Und das, obwohl du dich bereits seit Stunden mit diesem Thema auseinandersetzt.

Für heute reicht es dir. Unzufrieden beendest du deinen Arbeitstag. Am Abend triffst du dich mit Freunden, und bei guten Gesprächen und ein bis zwei Gläsern Rotwein vergisst du dein unlösbar erscheinendes Problem in der Arbeitswelt. Erschöpft, aber zufrieden schläfst du ein und genießt einen guten Schlaf. Wenn der Wecker am nächsten Morgen geläutet hat, wachst du auf, wirst allmählich munter und steigst in die Dusche. Das lauwarme Wasser fühlt sich wohltuend und dennoch erfrischend an und du fühlst dich gut. Und plötzlich, wie aus dem Nichts: eine Einsicht. Du hast eine geniale Idee ein, wie du dein Arbeitsproblem lösen kannst. Du kannst es kaum glauben, es ist wie ein Geistesblitz, der durch dich gefahren ist. Fast einen Tag hast du gestern mit der Lösungssuche verbracht und wenig bis nichts ist dabei herausgekommen. Nun hast du nicht einmal die Intention gesetzt, das Problem gerade jetzt zu lösen und was passiert? Die Antwort wird dir einfach so geschenkt.

Was passiert da? David Rock beschreibt im Buch *Brain at Work* ganz gut, dass unser Gehirn beim Auftreten eines Problems eine Art geistige Suchfunktion startet. Dabei vergleichen wir das aktuelle Problem mit früheren ähnlichen Situationen und versuchen so, eine Lösung zu generieren. Nun besteht das Leben bekanntlich aus Veränderung, und somit sind Lösungen vergangener Probleme nicht immer passend für die Gegenwart. Logisches Denken und bereits abgespeichertes Wissen führen uns also nicht immer zur gewünschten Lösung. Vielmehr braucht es neue gedankliche Verknüpfungen, Ideen und Einsichten. David Rock widmet dem Thema „Einsichten" ein ganzes Kapitel in seinem Buch und beschreibt, wie einem manchmal eine Lösung plötzlich zufällt. Sie scheint aus dem Nichts zu kommen und der vorherrschende Gedanke ist: Wie habe ich zuvor nicht darauf kommen können? So logisch und offensichtlich ist die Antwort, die man gesucht hat.

Tatsache ist jedenfalls: Um Einsichten empfangen zu können, braucht es Ruhe und bestenfalls Abstand vom zu lösenden Problem. Vor allem brauchen Gehirnregionen, die für das Denken und bewusste Handeln zuständig sind, Ruhe. Somit kann der Geist entspannen. Durch diese Einschränkung der Aktivität im Gehirn wird ein perfekter Nährboden für Einsichten gebildet. Man könnte also sagen:

> Pausen und Momente des Nichtstuns steigern unsere Produktivität, unser Wohlbefinden und unsere Kreativität. Phasen der Langeweile, und wenn sie noch so kurz sind, wirken sich positiv auf unser Lebe aus.

Wartezeiten oder Wegzeiten, die einfach nur für das Wahrnehmen genützt werden, ohne unzählige Informationen von außen einwirken zu lassen – genau diese Phasen sehe ich als Geschenk des Lebens an: als Geschenk, um kurz innezuhalten, mich zu zentrieren, mich aufzutanken und Regeneration zuzulassen.

? *Wie viele Pausen finden sich in deinem Alltag wieder?*
Wie lautet deine automatisierte Reaktion auf Momente der Lange-
weile? Wie füllst du kleine Pausen, wie das Warten an der Supermarkt-
kassa, das Sitzen in einem öffentlichen Verkehrsmittel oder das War-
ten auf eine andere Person in einem Café?

Konzentration und Fokus ade

Wie oft erhältst du täglich Push-Benachrichtigungen? Das sind Nachrichten, die direkt auf deinem Bildschirm erscheinen. Sie teilen dir mit, dass es in einer deiner Apps Neuigkeiten gibt. Push-Nachrichten ermöglichen es dir, nichts mehr zu verpassen und sofort reagieren zu können.

Bestimmt fühlt es sich gut an, wenn du jederzeit erreichbar bist. Schließlich willst du für andere Personen da sein, sollte jemand deine Unterstützung brauchen. Nun stellt sich jedoch die Frage: Welchen Preis bezahlst du für diese ständige Erreichbarkeit und jede einzelne Push-Benachrichtigung? Natürlich wirst du nicht direkt mit Geldmünzen bezahlen. Die dominierende Währung in diesem Zusammenhang ist deine Aufmerksamkeit, dein Fokus.

Nehmen wir an, du arbeitest gerade an einem spannenden Projekt und du bist hoch konzentriert. Plötzlich siehst du aus dem Augenwinkel, dass sich der Bildschirm deines Smartphones erhellt. Eine kleine und kurze Nachrichtenvorschau informiert dich darüber, dass es in einer WhatsApp-Gruppe Neuigkeiten gibt. Ein kurzer Blick zur Seite zeigt dir auch bereits die ersten Zeilen dieser Nachricht an. Sie kommt von einem deiner Nachbarn, der mit großer Leidenschaft Videos, Memes oder Fotos weiterleitet. In seiner Definition gehen diese Weiterleitungen als humorvoll durch. Du teilst diese Meinung nicht und ärgerst dich sogar darüber. Hat dein Nachbar wirklich so viel Zeit, um dauernd etwas weiterzuleiten, das dich nicht interessiert? Innerhalb weniger Sekunden bist du genervt, ignorierst jetzt dein Smartphone und lenkst deine Aufmerksamkeit wieder zurück auf dein Projekt.

Aber wo warst du noch einmal? Was waren deine letzten Gedankengänge, bevor du herausgerissen wurdest? Du versuchst dich zu sammeln, ehe du sehr langsam wieder ins Projekt zurückfindest. Gedankenfetzen über die Nachricht deines Nachbars schleichen sich jedoch dazwischen und lassen deine Aufmerksamkeit zwischen Projekt und Nachbarschaft hin und her schweifen. Irgendwie wird die Ausarbeitung des Projekts langsam anstrengend und fordernd. Der Prozess fühlt sich chaotisch und planlos an und es wirkt, als wäre kein Ende in Sicht. Wahrscheinlich ist es Zeit für eine Pause.

Dieses Beispiel ist alles anderes als ein Einzelfall. In meiner Arbeit in der Praxis bin ich immer wieder erstaunt, wie schwer es Klienten oft fällt, Push-Nachrichten zu deaktivieren. Viele Ausreden fallen ihnen ein, um sich selbst zu beweisen, dass ihre sofortige Erreichbarkeit unabdingbar ist. Und dass es notwendig ist, von Nachrichten, Angeboten oder Status-Updates auf sozialen Netzwerken umgehend zu erfahren. Genau das gibt ein gutes Bild ab, so dass viele von uns Push-Nachrichten aktiviert haben: E-Mails in der Arbeit, WhatsApp oder ähnliche Nachrichtenportale, Updates der sozialen Netzwerke sowie Nachrichten aus aller Welt, Spielstände diverser Fußballligen, Angebote von Online-Shops oder neu hochgeladene Gebrauchsgegenstände auf Willhaben. Alles gelangt direkt und unmittelbar auf deinen Smartphone-Bildschirm.

Doch wie hoch ist nun der Preis, den du für jede einzelne Push-Nachricht bezahlst? Ein Leuchten oder ein Ton genügt, um deine Konzentration auf dein Smartphone zu lenken.

Im vorherigen Beispiel arbeitest du gerade sehr konzentriert an einem Projekt. Vermutlich bist du in einem Flow-Zustand. Es ist der Zustand, in dem alle Tätigkeiten wie von alleine fließen. Mihaly Csikszentmihalyi ist bekannt dafür, dass er das Flow-Erlebnis erstmalig definierte. Er bezeichnet Flow als einen Zustand des Glücksgefühls, welches euphorische Stimmung erzeugt. Ein Zustand, in dem man gänzlich von einer Tätigkeit gefesselt ist und in der Beschäftigung aufgeht.

Der Flow-Zustand ist eine wunderbare Möglichkeit, um produktiv zu sein und gleichzeitig mit Leichtigkeit und Energie viel weiterzubekommen. Leider stellt sich der Flow nicht auf Knopfdruck ein. Diese Erfahrung hast du vermutlich bereits gemacht. Verzweifelt bist du auf der Suche nach guten Ideen, Einsichten oder Lösungsstrategien. Aber es will einfach nicht fließen und die Ideen wollen nicht kommen. Je angestrengter du etwas versuchst, desto weniger fließt der Prozess. Es gibt also Voraussetzungen oder förderliche Elemente, um einen Flow-Moment zu erleben. Csikszentmihalyi beschreibt diese Elemente in seinen Büchern:

Die Schwierigkeit der Tätigkeit muss mit der eigenen Fähigkeit übereinstimmen. Das heißt auch, dass die Aufgabe weder Überforderung noch Unterforderung auslöst. In den Flow kommt man also leichter, wenn man das Gefühl hat, Herr der Lage zu sein. Ein weiteres Element des Flow-Zustandes ist, dass die eigene Konzentration gebündelt wird. Das passiert vor allem dann, wenn man sich voll und ganz auf eine Tätigkeit in der Gegenwart einlässt. Durch die Fokussierung verschmelzen das eigene Bewusstsein und die Tätigkeit miteinander. Aufmerksamkeit wird auf genau diese eine Tätigkeit im Jetzt gelegt.

Ich möchte hier vor allem auf den letzten Punkt eingehen: die Konzentration uneingeschränkt auf eine Tätigkeit legen. Mir scheint dieser Punkt als fast vergessen in unserer heutigen Gesellschaft. Ist es noch angesehen, wenn man nicht von sich behauptet, man sei Multi-Tasking-fähig? Abgesehen davon, dass der Mythos „Multi-Tasking" alles andere als effizient ist und für unser Gehirn einen enormen Energieaufwand bedeutet. Das heißt:

> *Das gedankliche Hin und Her zwischen einer Aufgabe und den Geschehnissen auf meinem Smartphone-Bildschirm kostet nicht nur Energie, sondern zerstört auch mit hoher Wahrscheinlichkeit jeden Flow-Zustand.*

Csikszentmihalyi geht in seinem Buch *Flow* noch weiter und beschreibt Aufmerksamkeit als Voraussetzung für einen Flow-Zustand: „Im Zustand des Flow verlangt die anstehende Aufgabe nach unserer ungeteilten Aufmerksamkeit." Cal Newport ist Informatikprofessor und beschäftigt sich mit dem umfangreichen Thema „Selbstoptimierung". Er unterstreicht in seinem Buch *Konzentriert Arbeiten*, dass ein mögliches Flow-Erlebnis durch Multi-Tasking zerstört wird. Zusätzlich behauptet er, dass beim schnellen Wechseln zwischen Aufgaben die Gedanken immer wieder bei der vergangenen Tätigkeit hängenbleiben.

Wie oft konzentrierst du dich noch auf eine einzige Tätigkeit: uneingeschränkt und ohne Ablenkung? Und wie oft verwehrst du dir einen möglichen und wertvollen Flow-Zustand, indem du genau das nicht tust?

Was an dieser Stelle gerne folgt, ist das Gegenargument, dass diese kurzen Push-Benachrichtigungen doch gar nicht ablenken. Zu kurz, zu unscheinbar, und für den Blick auf die Seite werden gerade mal wenige Sekunden aufgewandt. Hier dürfen wir jedoch wieder einen Blick auf unser menschliches Gehirn werfen. Bereits im ersten Kapitel war davon die Rede, dass unser Gehirn seine Umgebung ständig beobachtet. Sobald jedoch etwas Plötzliches, Unerwartetes, Neues oder Unbekanntes passiert, kann es nicht anders, als die Aufmerksamkeit dorthin zu lenken. Das Areal in unserem Gehirn, das wie ein Wächter fungiert, ist, unter anderem, unser limbisches System. Das limbische System beschäftigt sich mit dem Verarbeiten von Emotionen. Und eine wichtige Aufgabe dieses Bereiches ist es, Gefahren zu vermeiden. Wie wir bereits mehrfach gehört haben, will unser Gehirn unser Überleben sichern, und das limbische System trägt einen wesentlichen Beitrag dazu bei. Werner Tiki Küstenmacher schrieb ein Buch über dieses Gehirnareal: *Limbi – Der Weg zum Glück führt durchs Gehirn*. Er bezeichnet unser limbisches System sogar als „Spezialist für Negatives". Es könnte ja überall eine Gefahr lauern, die mein Leben mit Unsicherheit durchdringt.

Sobald du also vom Einlangen einer Push-Nachricht erfahren hast, ist es schwierig, diese zu ignorieren. Es passiert etwas Plötzliches und Unerwartetes und es wird deine Neugier wecken. Dein limbisches System veranlasst automatisch, dass du deine Aufmerksamkeit dorthin lenkst – und deine Konzentration leidet darunter.

Selbstverständlich kannst du beschließen, deine Push-Nachricht zu bemerken und sie gleichzeitig zu ignorieren. Der Verführung bewusst zu widerstehen und nicht nachzusehen, wer dir geschrieben hat. Leider kostet auch dieser Akt viel Energie. Nachdem du das Eintreffen der Push-Nachricht mitbekommen hast, muss dein Gehirn das Nachschauen aktiv hemmen.

Inwieweit fällt es dir leicht, dich auf eine Tätigkeit zu fokussieren und konzentriert zu arbeiten?

Wie oft lässt du dich im (Arbeits-)Alltag vom Smartphone unterbrechen und wechselt deine Aufmerksamkeit zwischen der Online-Welt und deiner gegenwärtigen Tätigkeit hin und her?

Wir vergleichen uns ständig

Ertappst du dich manchmal dabei, auf Profilen in sozialen Netzwerken zu verweilen? Ein Profil genau zu mustern, ehe dich ein unsichtbarer Pfad zum nächsten Profil leitet. Du überblickst die Fotoalben, schaust dir dazugehörige Videos an und durchforstest Kommentare, die direkt beim Profil hinterlassen wurden. Oft ist es beeindruckend, was sich innerhalb kürzester Zeit über einen Menschen herausfinden lässt.

Manchmal verweilst du auf Profilen von Personen, die deine Aufmerksamkeit besonders auf sich ziehen. Vielleicht handelt es sich dabei um scheinbar besonders erfolgreiche, schöne oder bekannte Personen. Gehen wir einmal davon aus, du entdeckst gerade ein Profil einer sehr schönen Frau, die perfekte Schnappschüsse ihres Alltags präsentiert. Sie bezeichnet sich selbst als Influencerin, da ihre Reichweite groß ist und sie von vielen Followern begleitet wird. Auf ihrem Profil dürfen Urlaubsvideos nicht fehlen. Es scheint, als hätte sie die meisten Länder auf dieser Welt bereits bereist. Jedes Foto zeigt sie in perfektem Outfit und dazu passendem Styling. Deine Bewunderung steigt und du scrollst weiter. Es dauert nicht lange, ehe du herausfindest, dass sie und ihr bildhübscher Freund frisch verlobt sind. Auf den dazugehörigen Verlobungsfotos strahlen beide nur so vor purer Freude und es scheint, als ob sich hier ein perfektes Paar gefunden hat.

Erschöpft von deiner Recherche legst du dein Smartphone für einen Augenblick zur Seite. Und nun sitzt du hier: vielleicht in deinen Schlabberklamotten. In einem alten T-Shirt, das dir viel zu groß ist. Kombiniert mit einer Jogginghose, die du bereits seit Jahren aussortieren wolltest. Eine Strähne deiner ungewaschenen Haare ragt in dein ungeschminktes Gesicht. Gerade jetzt fühlst du dich weder schön noch erfolgreich oder glücklich. Wieso gibt es Personen wie diese Influencerin, die scheinbar mit Glück überhäuft werden und ein perfektes Leben genießen? Und wieso ist dir dieses Glück gerade nicht vergönnt?

Auch wenn du auf einer bewussten Ebene weißt, dass auch das Leben dieser Influencerin Höhen und Tiefen haben wird, speicherst du sie dennoch unbewusst als schöner, erfolgreicher und glücklicher ab als dich selbst. In diesem Moment vergisst du all deine bisherigen Erfolge und minimierst dich auf den Vergleich mit einer Person, die du im echten Leben gar nicht kennst. Du hast sie bis jetzt nur durch diverse Filter mit dem perfekt wirkenden Lächeln gesehen. Wie lange es dauerte, bis jedes einzelne Foto geknipst worden ist oder wie viele Foto-Filter verwendet wurden, das weißt du nicht. Dennoch: Deine Stimmung sinkt und du startest einen inneren

Monolog mit dir selbst, der eventuell von Vorwürfen und Beschimpfungen begleitet wird.

Gleichzeitig macht sich innerlicher Druck breit, der dich dazu antreibt, auch mithalten zu müssen. Du fragst dich, wie du dich der Welt zeigen kannst, um etwas Bewunderung zu ernten. Gerade jetzt würden dir ein paar Likes und aufbauende Kommentare sehr guttun. Du durchforstest deine Bildergalerie am Smartphone, erinnerst dich nostalgisch an Momente deiner Vergangenheit und wählst ein Urlaubsfoto aus der guten alten Zeit. Für ein Rückblicks-Foto mit dem Hashtag „Throwback" sollte das Foto gut geeignet sein. Jetzt fehlt nur noch ein passender Filter und lediglich ein paar Minuten später kann die ganze Welt dein neu veröffentlichtes Foto bewundern. Erste Likes erreichen dich innerhalb weniger Sekunden und lassen deine Laune wieder steigen. Was du mit diesem Foto bei anderen Personen ausgelöst hast, das kannst du nicht wissen. Aber du fühlst dich gut. Auch dein Leben repräsentiert nun wieder Erfolg, Schönheit und Glück.

> In der Online-Welt ist heutzutage so gut wie alles bewertbar und vergleichbar: Produkte, Dienstleistungen, Urlaube oder Restaurants. Leider bleibt es nicht dabei: Wir vergleichen auch Menschen miteinander.

Sich zu vergleichen ist ein sehr menschliches Bedürfnis, wovor jedoch Achtung geboten ist. Wir sehen eine Selbstdarstellung und eine Fassade von einer fremden Person und starten unbewusst einen Vergleich mit dem eigenen Leben. Die Vergleichsmöglichkeiten sind grenzenlos und gleichzeitig aussichtslos: Es wird immer Menschen geben, die schöner, schlanker, reicher, erfolgreicher oder glücklicher wirken. Und dennoch steigen wir in dieses Wettrennen ein. Wenn es gerade nichts Aufregendes zu berichten gibt, dann gibt es noch immer die Möglichkeit zur Selbstdarstellung durch Selfies vor dem Spiegel oder Fotos mit Rückblick auf einen Moment der Vergangenheit. Hauptsache, es gibt keinen Stillstand im eigenen Profil. Hauptsache, ich poliere durch Likes und Kommentare meinen Selbstwert und Status auf. Mit neu gewonnenen Likes fällt es dann auch leichter, neue perfekte Profile zu entdecken, denen man genügen will.

Du erkennst womöglich bereits den Teufelskreis. Judson Brewer schreibt in seinem Buch *Das gierige Gehirn* darüber, dass sich Facebook-Nutzer deprimierter fühlen, nachdem sie exzessiv auf dieser Plattform verweilen. Sie besuchen die Plattform oftmals mit der Intention, sich danach besser zu fühlen. Stattdessen geht es ihnen danach jedoch schlechter und der eigene Selbstwert sinkt. Als einen möglichen Grund dafür beschreibt er, dass das exzessive Verweilen auf Facebook nicht das eigentliche Problem löst, das ursprünglich zu Traurigkeit geführt hat. Außerdem tendiert man dazu, sich online mit anderen zu vergleichen. Der Anblick eines vermeintlich perfekten Lebens wird uns wenig zufriedenstellen und unser Leben daneben klein und unscheinbar wirken lassen. Genau das lässt den Selbstwert, vor allem in einer instabilen Lebenslage, häufig noch weiter sinken.

Irgendwann in unserem Leben, vielleicht war es im Biologie-Unterricht, haben wir alle davon gehört, dass jeder Mensch einzigartig ist. Du wirst keinen Menschen finden, dessen Erbinformation exakt ist wie deine. Abgesehen von eineiigen Zwillingen. Du wirst auch keinen Menschen finden, der genau wie du aufgewachsen ist und das gleiche Umfeld genossen hat. Dank deinem Erbgut und natürlich auch deinen Prägungen gibt es dich mit all deinen Facetten nur ein einziges Mal auf dieser Welt. Lass diese Worte in dein Bewusstsein sickern. Es ist wunderbar, dass jeder von uns unterschiedliche Qualitäten besitzt, mit denen er die Welt bereichert. Wo würde unsere Welt stehen, wenn wir unsere Individualität schätzen und bewusst einsetzen würden?

Spaß macht, abgeschlossen hast? Vermutlich bist du gelöst, glücklich und zufrieden. Auf der anderen Seite: Wie fühlt es sich an, wenn du tagelang am Sofa vor dich hinvegetierst und keiner Tätigkeit nachgehst? Oftmals fühlt man sich nach ein paar dieser Tage unausgeglichen und unzufrieden.

Einen spannenden Beitrag zu den Auswirkungen digitaler Medien auf unsere Produktivität und Leistungsfähigkeit leistet Alexander Markowetz in seinem Buch *Digitaler Burnout*. Darin unterstreicht er die Aussage, dass unsere exzessive Smartphone-Nutzung vor allem unseren Geist beeinflusst.

Digital allseits präsent zu sein überfordert und schmälert deshalb unsere Leistungsfähigkeit. Langfristig kann dies sogar zu einem chronischen Aufmerksamkeitsdefizit führen und mit Ungeduld und Konzentrationsschwierigkeiten einhergehen.

Wir gewöhnen uns daran, alles gleichzeitig tun zu wollen. Und verlernen dabei, uns auf eine Sache zu konzentrieren. Ineffizienz und Zerrissenheit werden zum Normalzustand, weil wir gar nichts anderes kennen. Auch Pausen beginnen sich ungut anzufühlen, weil uns dieser Zustand fremd ist. Jede Lücke im Terminkalender wird schnellstmöglich geschlossen. Oder um die Worte von Manfred Spitzer zu verwenden: „Wer noch keine Aufmerksamkeitsstörung hat, der kann sie sich durch Multitasking antrainieren."

> *Dauernd online verfügbar zu sein, wird in der Zukunft Auswirkungen auf unser Gefühl der Verbundenheit sowie unsere Konzentrations- und Leistungsfähigkeit haben. Beides wird sich auf unser Glücksempfinden auswirken.*

Als individuelle Antwort darauf werden wir vermutlich unseren Smartphone-Konsum weiter steigern und noch regelmäßiger erreichbar sein. In der Hoffnung, dass wir dadurch doch irgendwann wahres Glück empfinden.

Doch dauernd für alle erreichbar zu sein, kann bedeuten, dauernd in Alarmbereitschaft zu sein. Ich weiß, Alarmbereitschaft hört sich an dieser Stelle übertrieben an. Du freust dich ja vermutlich über Nachrichten deiner Freunde. Dein Gehirn und dein Körper müssen jedoch ständig aufnahmefähig und in Bereitschaft sein. Denke nur an die Menge an Informationen, die du auf dich einwirken lässt. Wenn du dir selbst kaum Erholung von dieser Dauerbereitschaft und dieser Flut an Informationen schenkst, kann dich das ziemlich rasch in Stress versetzten.

Befinden wir uns im Stresszustand, kann das mit der „Kampf-oder-Flucht-Reaktion", die anfangs beschrieben wurde, verglichen werden. Wenn sich dieser Zustand breit macht und wir jedoch gleichzeitig vor dem Smartphone sitzen, dann wird die Aktivität, für die sich unser Körper eigentlich gerade bereit macht, nicht ausgelebt. Kein Wunder: Anstatt eine Runde zu laufen, sitzen wir weiterhin am Sofa und scrollen die Nachrichten auf und ab. Was ist das Resultat? Josef Zehentbauer nennt in seinem Buch *Körpereigene Drogen* ein paar Beispiele: hoher Blutdruck, Herzrasen, Schweißausbrüche, Schlafstörungen, innere Unruhe, Aggressivitätsausbrüche oder Angstzustände.

Was geben wir an nächste Generationen weiter?

Unsere Entwicklung in der Zukunft ist die eine Sache. Eine weitere Sache ist jedoch, welches Vorbild wir durch unser Verhalten für die nächsten Generationen darstellen. Die nächsten Generationen, die das Smartphone als selbstverständlichen und allseits präsenten Wegbegleiter kennenlernen.

Gehen wir davon aus, dass wir so weitermachen wie bisher. Wir hinterfragen unser Smartphone-Verhalten kaum und handeln automatisiert.

Jede Alltagsroutine wird von unserem Smartphone begleitet und jede freie Sekunde wird damit verbracht, sich online aktiv zu zeigen. In der Offline-Welt gegenwärtig und präsent zu sein, wird zur Rarität.

Nun wächst, in genau dieser Welt, neues Leben heran. Wundervolle neugeborene Babys erblicken das Licht der Welt und wollen diese erkunden. Voller Lebenslust und Neugier lernen sie tagtäglich dazu. Von wem lernen sie am meisten? Oftmals schauen sie sich ab, was Eltern oder nahe Bezugspersonen machen und integrieren diese Verhaltensmuster in ihr eigenes Leben. Vom ersten Lebenstag an begegnen sie ihren Eltern und damit

auch dem Smartphone. Während das Baby gestillt wird, kauft Mama online neueste Babyklamotten ein. Geht Papa mit dem Baby spazieren, schreibt er parallel mit seinen Freunden, um das vergangene Fußballmatch Revue passieren zu lassen. Es scheint, als würde es die Aufmerksamkeit der Eltern nur in Kombination mit dem Smartphone geben. Oder um einen Schritt weiterzugehen, es scheint, als würde das Baby um die Aufmerksamkeit der Eltern mit dem Smartphone konkurrieren müssen. Sobald das Baby etwas älter ist, steigt natürlich sein Interesse an dem kleinen schlanken elektronischen Teil. Wenn es für Mama und Papa so wichtig erscheint, dann wird es wohl wirklich wesentlich sein. Das Kind entdeckt die Welt des Smartphones und dessen Möglichkeiten. Selbstverständlich ist es fasziniert davon. Welches Kind spricht nicht auf Geräusche, Farben, Bewegung an? Eltern halten es für eine wohltuende Abwechslung. Das Kleinkind weiß sich zu beschäftigen und es kehrt für einen Moment Ruhe ein. Bleibt auch für Mama ein Augenblick Zeit, um die eigenen Facebook-Nachrichten abzurufen.

Später, wenn das Kind größer wird, kommt es vor, dass es das Smartphone einfordert. Es schreit so lange, bis die Eltern ihr Lieblings-Accessoire freiwillig rausrücken. Plötzlich verstehen sie die Welt nicht mehr: Das Kind lässt sich ohne Smartphone kaum beruhigen und das Entziehen des Smartphones löst oftmals großen Widerstand und Geschrei aus. Kaum jemand hinterfragt an dieser Stelle, was die Eltern mit dieser Situation zu tun haben? Immer wieder höre ich in so einer Phase: „Es ist wirklich schlimm, wie Kinder bereits süchtig nach dem Smartphone sind." Bevor sich die Eltern selbst wieder ihrer Online-Welt widmen. Es stellt sich die provokante Frage, wo sich die Kinder dieses Verhalten abgeschaut haben?

Eltern muss bewusst werden, dass sie Verantwortung durch ihr Smartphone-Verhalten haben – und zwar vom Tag der Geburt an. Sie sind Vorbilder ihrer Kinder.

> *Und wenn Kinder vom ersten Tag an ihre Eltern mit ihrem Smartphone als Dauerbegleiter wahrnehmen, ist es wenig überraschend, dass Kinder dieses Verhalten nachahmen.*

Lembke und Lepner beziehen sich in ihrem Buch *Die Lüge der digitalen Bildung* auf die Theorie der kognitiven Entwicklung nach Jean Piaget. Er hat ein Modell entwickelt, das die kognitive Entwicklung des Menschen erklärt und in bestimmte Phasen einteilt. Er führt mit diesem Modell durch das gesamte Kindheitsalter, von der Geburt bis zur Pubertät.

Uns allen ist klar, dass die Gehirnentwicklung eines Neugeborenen noch nicht vollständig abgeschlossen ist. Das heißt, Kinder lernen zuerst einfache Prozesse, die nach und nach komplexer werden. Spitzer und Herschkowitz beschreiben in ihrem Buch *Wie Kinder denken lernen*, dass die Gehirnentwicklung wie ein guter Lehrer funktioniert. Will man beispielsweise eine neue Sprache erlernen, beginnt man mit einfachen Worten und Silben. Alles andere würde uns überfordern. Unsere Entwicklung der Gehirnrindenareale funktioniert ähnlich. Zuerst funktionieren einfache Bereiche, und nach und nach entwickeln sich komplexere Bereiche.

Die ersten Lebensmonate nennt Piaget sensomotorische Phase. Hier geht es vor allem um Sinneswahrnehmungen sowie das Einsetzen des eigenen Körpers. Und genau die damit verbundenen Gehirnareale werden in dieser Zeit auch entwickelt und ausgeprägt.

Vor allem in dieser Phase macht das Kind Erfahrungen hauptsächlich durch aktives Tun. Wir sprechen hier jedoch von echten Sinneseindrücken und echten Bewegungen, die es braucht, um sich kognitiv bestmöglich zu entwickeln. Und genau die Entwicklung dieser sensomotorischen Ausprägungen bildet die Grundlage, damit später komplexere Gehirnaktivitäten erlernt und durchgeführt werden können. Lässt man eine Phase aus, dann ist es so, als würde man beim Hausbau sofort mit dem dritten Stock beginnen, so Lembke und Lepner.

Erlebnisse, die über digitale Medien wahrgenommen werden, sind keine „echten" Erlebnisse. Riechen, schmecken, etwas in den Mund nehmen, fühlen: all diese Sinneseindrücke bleiben aus. Außerdem sitzt ein Kind meistens recht ruhig vor dem Bildschirm, somit kommen auch körperliche Bewegungen zu kurz.

Lembke und Lepner sind hier einer Meinung. Kinder brauchen eine starke Verwurzelung in der Realität, um sich und ihr Gehirn bestmöglich zu entwickeln. Smartphones und digitale Medien verhindern reale Erfahrungen. Und je länger Kinder vor digitalen Medien sitzen, desto mehr untergräbt man diese Fähigkeiten.

Sie gehen sogar noch einen Schritt weiter, indem sie behaupten: „Eine Kindheit ohne Computer ist der beste Start ins digitale Zeitalter." Damit ist gemeint, dass sich das Gehirn der Kinder bestmöglich ohne digitale Medien entwickeln kann. Und wenn die Entwicklung einfacherer Gehirnprozesse erfolgreich abgeschlossen ist, dann steht der Entwicklung komplexer Prozesse nichts mehr im Wege. Dabei handelt es sich vor allem um intellektuelle Fähigkeiten wie Impulskontrolle, die Fähigkeit zur Selbstreflexion, die Fähigkeit über die Welt nachzudenken oder Abstraktionsvermögen.

Und genau diese Fähigkeiten braucht es mehr denn je, wenn wir später digitale Medien bewusst und selbstbestimmt verwenden möchten.

Oder um es in den Worten von Lembke und Lepner zu sagen: „Kinder müssen eine bestimmte kognitive Entwicklung durchlaufen haben, bevor sie sinnvoll mit Computern arbeiten." Sie besitzen also noch nicht das intellektuelle Rüstzeug, um bewusst mit digitalen Medien umzugehen.

Wie wollen wir also die digitale Zukunft für nachkommende Generationen gestalten? Die Antwort ist einfach: Wir können *jetzt* einen bewussten und selbstbestimmten Umgang mit digitalen Medien wählen und leben. Das Smartphone sinnvoll nützen statt uns von ihm ablenken und leiten zu lassen. Damit tun wir nicht nur uns selbst etwas Gutes, sondern wir wirken damit auch als Vorbild für nächste Generationen.

Die Entwicklungen der Zukunft werden sich weisen. Und bestimmt ist ein Großteil dieser Entwicklungen eine Bereicherung. Deshalb halte ich es für vermessen, digitale Geräte pauschal zu verurteilen. Viel mehr plädiere ich dafür, dass jeder einzelne Leser hinterfragt, was für ihn gut ist und was eben nicht. Und somit seine eigene selbstbestimmte digitale Zukunft kreiert.

Werde dir deiner Vorbildfunktion bewusst. Selbst wenn du keine Kinder hast, wird dein Verhalten von der heranwachsenden Generation gesehen. Denke zum Beispiel an Situationen in öffentlichen Verkehrsmitteln, an öffentlichen Plätzen, in Restaurants und Cafés.
Wie möchtest du deinen Smartphone-Konsum leben, um als Vorbild zu wirken?

Der Weg in eine selbstbestimmte digitale Zukunft

Du hast nun viel Hintergrundwissen gesammelt. Du kennst Erklärungen, warum Smartphones so verlockend sind und unser Konsum dennoch selten als unpassend empfunden wird. Vielleicht hast du den einen oder anderen Aha-Effekt gehabt, fühltest dich ertappt oder verstanden.

All das sind interessante und wertvolle Informationen. Oft verhilft uns Verständnis dabei, unsere Verhaltensmuster und somit unser Leben zu überdenken.

Zugleich bleiben viele Menschen genau bei diesem Schritt stehen. Sie verstehen und wissen, wenden jedoch nicht an. Eventuell kennst du das sogar von anderen Bereichen deines Lebens.

Beispielsweise weißt du, dass das Rauchen deiner Gesundheit schadet. Dennoch rauchst du regelmäßig. Du weißt, dass deinem Körper gesunde Nahrungsmittel guttun würden. Doch Fast-Food zieht dich wie magisch an. Du weißt, dass du energiegeladener wärst, wenn du bereits beim ersten Weckruf dein Bett verlassen würdest. Früh morgens, wenn es unter der Bettdecke kuschelig warm ist, kannst du jedoch fast nicht anders, als mehrmals den Snooze-Knopf zu betätigen: Einmal noch kurz die Augen schließen und dann erst stehst du auf. Ja, wir alle wissen, was uns, unserem Körper und unserem Geist guttut. Aber wenden wir dieses Wissen tatsächlich an?

Ich bin mir sicher, vielen von uns geht es mit dem Smartphone-Verhalten ganz ähnlich. Vielleicht erschrickst du beim Anblick deiner täglichen Bildschirmzeit und bist dir darüber bewusst, dass du deine Zeit wertvoller investieren könntest. Eventuell merkst du auch, dass deine Beziehung und Freundschaften unter den häufigen Klicks auf das Smartphone leiden. Vielleicht bist du dir sogar darüber im Klaren, dass du Vorbildwirkung hast und dass du vor deinen Kindern nicht laufend am Smartphone sein solltest.

In der Praxis erlebe ich sehr oft ein interessantes Phänomen. Personen kommen zu mir, weil sie bestimmte Verhaltensmuster verändern wollen.

Das Wissen darüber, was genau sich destruktiv auf das derzeitige Leben auswirkt, ist sehr oft vorhanden. Anders sieht es hingegen mit der tagtäglichen Anwendung dieses Wissens aus.

Wir lesen Bücher, lassen uns von zahlreichen Videos sogenannter Gurus inspirieren und können uns gar nicht genug Wissen aneignen. Wo jedoch bleiben die Zeit, die Energie und der Platz für die Umsetzung?

Dabei geht es nicht darum, was irgendein Guru oder Experte sagt. Es geht dabei auch nicht darum, was meine persönliche Meinung ist. Es geht um deine individuelle Anwendung. Und es geht nicht darum, das Smartphone zu verteufeln und von heute auf morgen aus deinem Leben zu verbannen. Das wäre unrealistisch und in vielen Fällen auch unklug. Sehr oft bringt das Smartphone positive Facetten mit sich. Vielmehr geht es um das Entwickeln und Leben deines bewussten und selbstbestimmten Umgangs mit digitalen Medien. Was so viel heißt wie: Du lässt dich nicht vom Smartphone dirigieren und dein Leben davon bestimmen. Stattdessen bestimmst du, wann und wie du dein Smartphone verwendest. Du verwendest es so, dass es für dich wertvoll, sinnvoll und positiv wirkt. Und genau das ist ein Prozess, den du ab sofort mit Leichtigkeit entwickeln und leben darfst: Täglich ein Stück Bewusstsein in dein Leben zu integrieren, ohne dich zu überfordern. Stattdessen liebevoll anzunehmen, was ist und dabei persönlich zu wachsen.

Hast du manchmal das Bedürfnis, deinen Smartphone-Konsum zu reduzieren und dennoch fällt dir genau das so schwer? Hinterfrage, weshalb und wann es dir besonders schwerfällt?

Zehn Schritte zum ominösen Erfolg?

Genau an dieser Stelle wünschen sich die meisten eine 10-Schritte-Check-liste, die verspricht: mit diesen konkreten zehn Schritten zum Erfolg. Ein Plan, vollgepackt mit Tipps, wie du dein Smartphone-Verhalten ab sofort bewusst und selbstbestimmt lebst. Und somit auch konkrete Schritte, um deine eigene Lebenszeit wertzuschätzen und wirkungsvoll zu leben.

Ja, natürlich werde ich konkrete Schritte und Empfehlungen, sogenann-te „Digital Detox Hacks", mit dir teilen. Nichts spricht dagegen, denn genau diese Empfehlungen können dich im Transformieren deiner Gewohnheiten unterstützen. Dennoch ist das nur ein kleiner Teil dessen, worum es eigent-lich geht.

> *Für mich sind die Herausforderungen mit dem Umgang der digitalen Medien eine große Chance für unser eigenes persönliches Wachstum. Wir können unser Smartphone-Verhalten als Anlass nehmen, um uns mit uns selbst auseinanderzusetzen.*

Genau so können wir uns selbst wieder ein Stück näherkommen und uns selbst besser kennenlernen.

Würde ich einen 10-Schritte-Plan vorstellen, dann könntest du diesen Plan eins zu eins befolgen. Du müsstest dich dann aber nicht mit dir selbst auseinandersetzen und dich nicht mit deiner innersten Persönlichkeit be-schäftigen. Nicht einmal müsstest du dich fragen, ob die zehn Schritte über-haupt zu dir, zu deiner Persönlichkeit und zu deinen Lebensumständen passen.

Außerdem halte ich persönlich wenig von „One-fits-it-all"-Checklisten, die für jede Person direkt zum versprochenen Erfolg führen.

Warum? Schau dich in deinem Umfeld um. Sind nicht alle Menschen in deinem Umfeld individuell und wunderbar einzigartig? Unsere Bedürfnisse, unsere Lebensumstände und unsere persönlichen Charakterzüge tragen maßgeblich dazu bei, wie ein selbstbestimmter digitaler Umgang aussehen kann.

Eine Managerin, deren Beruf es mit sich bringt, regelmäßig online und erreichbar zu sein, wird ihr entspanntes Smartphone-Nutzungsverhalten anders definieren als eine Studentin, die sich momentan hauptsächlich auf ihre Prüfungsvorbereitungen konzentriert.

Diese Definition wird von einem Familienvater von mehreren minderjährigen Kindern ebenfalls anders aussehen als die eines ungebundenen Mannes mit wenig Verpflichtungen.

Und das ist nur eine Seite. Auch persönliche Bedürfnisse und Befindlichkeiten spielen eine wesentliche Rolle bei der eigenen Definition eines selbstbestimmten Smartphone-Umgangs.

So ist es zum Beispiel für eine Person von hoher Priorität, in sehr regelmäßigem Austausch mit Familie und Freunden zu stehen. Eine andere Person wiederum findet es positiv, längere Phasen einer Kontaktpause zu haben.

Du siehst schon, jeder von uns hat individuelle Gegebenheiten und Bedürfnisse. Aus diesem Grund fände ich es unpassend, in diesem Buch eine „One-fits-it-all"-Lösung anzupreisen. Wir gehen gemeinsam weiter und in die Tiefe.

Wichtig ist, dass wir unser gemeinsames Ziel immer vor Augen haben: Du bestimmst bewusst, wann und wie du dein Smartphone und digitale Medien verwendest. Nicht umgekehrt. Wie du dies lebst und was dir bei der Umsetzung hilft, ist individuell. An dieser Stelle möchte ich dich dazu animieren, deinen persönlichen und einzigartigen Weg zu gehen. Dazu gehört, dass du dich selbst reflektierst und dich wahrnimmst. Und das Wichtigste: dass du auf dich hörst und dir selbst vertraust.

Ich begleite dich dabei, abgestimmt auf deine Bedürfnisse und auf dich als Individuum.

Nun bist du gefragt. Denn du kennst dich besser als jeder externe Berater oder Coach. Sei dein eigener Coach, indem du mit Achtsamkeit, Reflexion und vor allem Neugier auf dich und deine Bedürfnisse eingehst.

Werde zu deinem eigenen Coach, der sich selbst dabei unterstützt, das Smartphone-Verhalten bewusst und selbstbestimmt zu leben. Bevor du eine „One-fits-it-all-Lösung" integrierst, hinterfrage Empfehlungen und reflektiere, ob und wie sie zu dir, deiner Persönlichkeit und deinen Lebensumständen passen. Und dann übernehme jene Lösungen, die tatsächlich zu dir passen.

Meine vier Digital Detox Hacks

Du hast bereits darüber gelesen, wie Gewohnheiten entstehen und warum wir diese automatisiert und unbewusst durchführen. Wollen wir daran grundsätzlich etwas verändern, bedarf es unserer Willenskraft und auch unseres Durchhaltevermögens. Vor allem anfangs wird dein Gehirn häufig versuchen, dich zu überreden, wieder in alte Muster zurückzukehren. Total verständlich, wenn man bedenkt, dass unser Gehirn es liebt, Energie zu sparen und jede Gewohnheitsänderung eben energieaufwendig ist.

Und genau hier kommt unser Durchhaltevermögen ins Spiel. Dranbleiben ist das Stichwort: Alte destruktive Gewohnheiten durch neue förderliche Gewohnheiten zu ersetzen und das für eine Zeit lang durchzuziehen.

In der Fachliteratur findet man unterschiedliche Meinungen, wie lange es dauert, bis sich unser Gehirn an neue Abläufe gewöhnt hat. Oft spricht man von 21, manchmal aber auch von 40 Tagen. Und genau dabei können technische Einstellungen dienlich sein: beim Dranbleiben und beim Umgang mit der laufenden Verführung deines Smartphones.

Geht es um einen bewussten Smartphone-Umgang, scheint es uns am logischsten, wenn wir wir einfach die Zeit, die wir mit digitalen Medien verbringen, reduzieren. Es hört sich womöglich ironisch an, dass uns genau dabei dieselbe Technik unterstützen kann.

Denn es gibt unzählige Apps, die dir dabei helfen können, bewusster mit deinem Smartphone umzugehen.

Für mich stellen technische Einstellungen und Apps allein keine nachhaltige Lösung dar. Es ist, als würdest du versuchen, Symptome zu bekämpfen, ohne jemals tiefer auf die Ursache zu blicken.

Sehr wohl halte ich viele Gadgets jedoch für eine wunderbare Unterstützung, die dich bei der Integration von neuen Gewohnheiten begleiten können, indem der Zugang zum Smartphone erschwert wird und du dich selbst damit etwas austrickst.

Im Folgenden teile ich vier Digital Detox Hacks mit dir, die ich auch selbst anwende. Ich nehme sie am hilfreichsten wahr, weil sie einfach in der Umsetzung sind und dennoch ausgezeichnete Wirkung zeigen.

Push-Nachrichten deaktivieren

Eine einfache und sehr unterschätzte Maßnahme ist das Deaktivieren von jeglichen Push-Nachrichten. Push-Nachrichten informieren dich umgehend über eine Neuigkeit in einer deiner Apps. Angefangen von einer neuen Schlagzeile, die gerade veröffentlicht wurde, bis hin zum Spielstand eines Bundesligaspieles oder der Vorschau einer gerade eingetroffenen Nachricht.

All das erscheint umgehend auf deinem Smartphone-Bildschirm und du wirst sofort darauf aufmerksam gemacht. Fast jede App bietet Push-Nachrichten an. Das ist verständlich. Die Wahrscheinlichkeit, dass du die App vergisst, sinkt, wenn du nicht regelmäßig daran erinnert wirst, sie zu öffnen.

Doch was bei jedem Blinken, Piepsen oder Aufleuchten mit deiner Aufmerksamkeit passiert, hast du bereits erfahren. Deine Aufmerksamkeit wird von der gegenwärtigen Tätigkeit abgezogen und auf die unerwartete Push-Nachricht gelenkt. Genau das ist kontraproduktiv, wenn du dich auf eine Tätigkeit fokussieren möchtest. Hinzu kommt, dass du dadurch sehr viel leichter in einen Reaktionsmodus fällst. Womöglich hast du das Gefühl, du reagierst nur noch auf Anfragen von anderen Menschen. Es fühlt sich wenig selbstbestimmt und stattdessen eher getrieben an.

Wie wäre es, wenn du selbst über den Zeitpunkt entscheidest, an dem du deine Apps überprüfst? Du kannst das zeitliche Intervall auf deine persönlichen Bedürfnisse abstimmen. Wenn von dir beruflich oder privat also erwartet wird, dass du schnell reagierst und gut erreichbar bist, kann dein Intervall kurz gewählt sein. Du schaltest deine Push-Nachrichten aus, prüfst jedoch alle zwanzig Minuten – oder welches Intervall du für dich gewählt hast –, ob eine neue Nachricht eingetroffen ist. Wenn von dir keine unmittelbare Rückmeldung erwartet wird, kannst du dieses Intervall ausdehnen. Möglicherweise ist es für dich stimmig, stündlich bestimmte Apps zu prüfen oder es reicht dir sogar aus, diese ein- oder zweimal am Tag zu besuchen. Der wesentliche Punkt ist: Du entscheidest, wann du welche App besuchst – und nicht etwa ein äußerer Auslöser. Das kann eine Freundin, ein Kunde, ein Familienmitglied oder auch nur der Schlusspfiff des Fußball-Bundesligaspieles sein.

Natürlich möchte ich diese Empfehlung nur für jene Personengruppen aussprechen, die sich nicht in Rufbereitschaft oder Ähnlichem befinden.

Apps vom Smartphone löschen

Vermutlich hast du einige Apps auf deinem Smartphone installiert. Doch hast du schon einmal die Notwendigkeit deiner Apps hinterfragt? Welche deiner Apps benötigst du tatsächlich am Smartphone?

Das heißt nicht, dass du dich von diesen Apps komplett abmelden musst. Würde es jedoch genügen, den Zugang ausschließlich über ein Medium zu nützen, das du weniger oft verwendest? Beispielsweise deinen Laptop oder ein Tablet.

Viele meiner Zugänge zu sozialen Netzwerken genieße ich ausschließlich über meinen Laptop: Facebook, Linked-In, Xing haben bei mir am Smartphone nichts zu suchen. Nachdem mich mein Laptop weniger oft begleitet als mein Smartphone, verringert sich somit schon ganz automatisch meine Zugriffshäufigkeit. Die nicht ständige

Verfügbarkeit unterstützt mich also darin, bestimmte Apps weniger oft zu benützen. Bin ich zuhause, habe ich theoretisch jederzeit Zugriff. Jedoch erscheint es mir manchmal zu langwierig, den Laptop einzuschalten, nur um einen Blick auf meine sozialen Netzwerke zu werfen. Oftmals vergesse ich auch auf mein Verlangen, da mir die Versuchung nicht ständig präsentiert wird. Und wenn ich meinen Laptop einschalte, um meine sozialen Netzwerke zu besuchen, dann fällt es mir viel leichter, dies bewusst und genussvoll zu tun.

HOW TO:

> *Stelle dir bei jeder App, die du am Smartphone installiert hast, folgende Fragen:*
>   - *Ist es notwendig, den Inhalt dieser App von unterwegs konsumieren zu können?*
>   - *Welche Auswirkungen hat es, wenn ich diese App in unregelmäßigen Abständen konsumiere?*
>   - *Funktioniert diese Plattform auch ausschließlich über den Browser am Laptop oder muss ich die App am Smartphone installiert haben, um sie nützen zu können?*
> *Wenn diese Fragen für dich beantwortet sind: Lösche Apps von deinem Smartphone und nütze diese Plattformen ausschließlich über deinen Browser.*

Damit dir die Entscheidung leichter fällt: Du kannst auch am Smartphone über deinen Browser in Apps einsteigen. Im Notfall hast du also meistens Zugriff auf deine Daten. Dennoch, du wirst merken: Die Attraktivität, diese Plattformen zu benützen, sinkt, wenn du dir den Einstieg komplizierter machst.

Apps zu bestimmten Uhrzeiten sperren

Gibt es wiederkehrende Uhrzeiten, zu denen du dein Smartphone benützt, obwohl du deine Zeit lieber anders investieren würdest? Wie sieht es beispielsweise ganz in der Früh aus? Gilt deine Aufmerksamkeit der Online-Welt, sobald du deine Augen öffnest? Oder auch spät abends: Besteht deine letzte Tätigkeit, bevor du in den Schlaf sinkst, aus Scrollen, Liken und Stöbern? Das ist keine ungewohnte Alltagsroutine. Und obwohl viele von uns wissen, dass diese Gewohnheit in den meisten Fällen wenig sinnvoll ist, uns oftmals mehr Energie raubt als sie uns schenkt und es einige Morgen- und Abendroutinen gibt, die mehr Bereicherung in unser Leben bringen würden. Obwohl all dieses Wissen vorhanden ist, fällt es dennoch schwer, den Verlockungen zu widerstehen.

Deshalb gibt es hier eine einfache Abhilfe, nämlich deine Apps zu bestimmten Uhrzeiten zu sperren. Keine Neuigkeiten werden dich erreichen und ebenso wenig erscheinen rote Zahlen, die anzeigen, dass ungelesene Nachrichten auf dich warten. So bekommst du nicht einmal mit, dass es Neuigkeiten gibt und die Gefahr, von einer App in den Bann gezogen zu werden, sinkt.

Wichtig ist, dass du für dich entscheidest, wann du Zeit für dich und deine gegenwärtige Tätigkeit einforderst. Und genau, du liest richtig: Wenn du diese Zeit präsent und mit möglichst wenig Einfluss von außen genießen möchtest, dann musst du diese einfordern.

> *Niemand, der dich online kontaktiert, wird beim Absenden einer Nachricht berücksichtigen, ob du gerade lieber deine Ruhe hättest. Niemand wird auf hypothetische Bedürfnisse von dir Rücksicht nehmen und Nachrichten zu einem anderen Zeitpunkt abschicken.*

Genau zu diesen Uhrzeiten, wo du ungestört sein willst, kannst du den Zugriff auf bestimmte Apps und Anwendungen sperren. Diese Funktion bringt dein Smartphone mit, du musst sie nur anwenden.

Wenn du versehentlich oder aus purer Gewohnheit auf eine App klickst, wirst du darüber informiert, dass diese gerade gesperrt ist. Dennoch kannst du diese Information im Bedarfsfall durch wenige Klicks ignorieren und wie gewohnt zugreifen. Aber du wirst erinnert. Nämlich daran, dass du dich eigentlich für eine Auszeit zu dieser Uhrzeit entschieden hast.

Ich persönlich verwende diese Einstellung bereits seit Jahren. Zwischen 20 Uhr abends und 7 Uhr morgens sind alle meine Apps und Online-Anwendungen gesperrt. Auch sonntags schalte ich die Internetfunktionen ab, und zwar den ganzen Tag. An diesem Tag ist es mir besonders wichtig, all meine Präsenz auf die Gegenwart und Menschen, mit denen ich mich persönlich umgebe, zu lenken. Und natürlich gibt es Ausnahmen. Es gibt Tage, an denen ich aus privaten oder beruflichen Gründen nach 20 Uhr online gehe. Es gibt auch Sonntage, an denen ich die Offline-Zeit aufhebe. Doch solange diese Ausnahmen sinnvoll investiert sind und einer bewussten Entscheidung folgen, ist das völlig in Ordnung für mich.

HOW TO:

> *Reflektiere für dich:*
> - *Zu welchen Uhrzeiten willst du tatsächlich von der Online-Welt ungestört sein, um dich deinen Prioritäten zu widmen? Vielleicht entscheidest du dich für früh morgens oder spät abends oder eine Uhrzeit, die für dich besser passt.*
> - *Willst du dich zu diesen Uhrzeiten nur von bestimmten Apps fernhalten oder von der gesamten Online-Welt?*

- *Besuche deine Einstellungen und aktiviere die Funktion, dass alle oder bestimmte Apps zu spezifischen Uhrzeiten gesperrt sind.*

Damit dir die Entscheidung leichter fällt: Wenn du eine App zu einer gesperrten Uhrzeit besuchst, kannst du die Sperre im Bedarfsfall durch wenige Klicks aufheben und diese Plattform wie gewohnt besuchen.

Das Smartphone „verstecken"

Den Zugang zu unseren Lieblings-Apps so kompliziert wie nur möglich zu gestalten – genau das ist die Idee dieser Empfehlung. Indem du dein Smartphone nicht ständig im Blickfeld hast, kannst du dein Gehirn ein bisschen austricksen.

Ich möchte hier noch einmal das Beispiel mit der Schokolade aufgreifen, das bereits in einem früheren Kapitel kurz erwähnt wurde. Viele Menschen mögen Schokolade und können dem Angebot von Schokolade nur schwer widerstehen. Doch gleichzeitig gibt es Faktoren, die das Ablehnen von Schokolade noch einmal um ein Vielfaches erschweren können. Beispielsweise wenn die Schokolade direkt vor deiner Nase steht und du den zarten Duft bereits riechen kannst. Oder wenn du deine Familie zum Kaffeetrinken triffst und deine Tante eine große Packung voller handgefertigter Pralinen mitbringt. Jeder am Tisch greift zu und schwärmt dabei vom Geschmack der Pralinen.

In Situationen wie diesen wird es vermutlich viel Willenskraft erfordern, um der Versuchung zu widerstehen. Vorausgesetzt natürlich, du magst Schokolade. Alternativ kannst du Schokolade mit einem Genussmittel deiner Wahl ersetzen und das Beispiel gedanklich durchspielen.

Stell dir nun vor, deine Lieblingsschokolade befindet sich stattdessen in einer geschlossenen Kommode oder gar nicht in deinem Zuhause, sondern noch im Supermarktregal. Genau dann wird dir das Widerstehen vermutlich um einiges leichter fallen. Die Schokolade nicht zu sehen oder gar nicht verfügbar zu haben, hilft uns dabei, zu widerstehen. Es fordert weniger Willenskraft von uns ein.

Dieses Szenario können wir nun auf das Smartphone übertragen. Ist das Smartphone dein ständiger Begleiter und jederzeit griffbereit, wirst du es vermutlich häufiger aktivieren. Wenn du dein Smartphone jedoch vor dir selbst versteckst, wird die Attraktion des Klickens zunehmend schwinden.

Mit Verstecken deines Smartphones meine ich nicht, dass du dein Smartphone so versteckst, dass du es nie mehr findest. Obwohl zugegeben, das wäre eine gute Möglichkeit, um den Smartphone-Konsum nachhaltig zu reduzieren – aber dennoch führt es uns nicht zum Ziel.

Ich meine damit, dass du es zuhause oder unterwegs so platzierst, dass es schwerer zugänglich ist. Beispielsweise entscheidest du dich heute dafür, in die Stadt zu spazieren, eine Freundin auf einen Kaffee zu treffen und ein paar Besorgungen zu erledigen. Damit all deine Einkäufe Platz finden, nimmst du deinen hübschen Rucksack, packst ihn ein und spazierst los. Das Smartphone jedoch bekommt keinen Platz im Rucksack. Dein Smartphone besitzt nämlich eine eigene Handykette, welche du ganz bequem wie eine Handtasche umhängen kannst. Und auch wenn du keine Handykette hast, wird dein Smartphone direkt in der äußeren Jackentasche platziert. Jederzeit und einfach zugänglich.

Ich gebe zu, wenn ich einen Anruf erwarte, dann wähle ich ebenfalls diese Variante. Es ist praktisch und das Smartphone ist sofort bei der Hand.

Dennoch hat diese Variante eine negative Auswirkung. Selbst wenn wir keinen Anruf erwarten, ist das Smartphone ständig in Griffbereitschaft. Was wird also bei jeder roten Fußgängerampel passieren? Ich bleibe stehen und vermutlich zücke ich für einen Moment mein Smartphone und starte mit dem Klicken, Scrollen und Wischen. Würdest du dein Smartphone auch zücken, wenn es in einer Innentasche deines hübschen Rucksackes versteckt wäre? Vermutlich nicht.

Die gleiche Möglichkeit besteht auch für dein Zuhause. Wenn dein Smartphone permanent am Küchentisch liegt und du viele Male täglich vorbeigehst, steigt die Verlockung, es regelmäßig ohne Hintergedanken zu aktivieren. Würde dein Smartphone jedoch in einer Lade liegen, siehst du es einfach weniger. Es ist wie die Schokolade in der geschlossenen Kommode. Du weißt zwar, dass sie da ist. Jedoch vergisst du im Alltag einfach darauf und reduzierst somit auch dein Verlangen danach.

HOW TO:
- *Überlege für dich:*
  FÜR UNTERWEGS:
  - *Wo platziere ich mein Smartphone, wenn ich mein Zuhause verlasse?*
  - *Wie einfach ist diese Stelle für mich zugänglich?*
  - *Gibt es eine Stelle, die umständlicher zugänglich ist?*
  - *Was sind die Auswirkungen, wenn mein Smartphone ab sofort an dieser Stelle platziert wird?*

FÜR ZUHAUSE:

- *Wo liegt mein Smartphone meistens, wenn ich zuhause bin?*
- *Wie sichtbar ist das Smartphone für mich an dieser Stelle?*
- *Gibt es einen anderen Ort, der weniger sichtbar ist?*
- *Was sind die Auswirkungen, wenn mein Smartphone ab sofort an dieser Stelle platziert wird?*
- ➣ *Ändere den gewohnten Platz deines Smartphones, sodass es sich nicht ständig in deinem Blickfeld befindet.*

Damit dir die Entscheidung leichter fällt: Vor allem wenn du den Smartphone-Platz zuhause für dich änderst, kannst du dein Smartphone auf „laut" schalten. Push-Nachrichten hast du bestenfalls deaktiviert und somit wirst du nur über Anrufe informiert. Durch das „laut" Schalten hast du die Sicherheit, dass du wichtige Anrufe nicht verpassen kannst.

Eine Klientin von mir hat im Rahmen unserer Zusammenarbeit die eben angeführten Tricks ausprobiert. Ihr Anliegen war es, sich wieder selbstbestimmt zu fühlen und sich vor allem morgens und abends ihren Prioritäten zu widmen, Zeit für sich zu gewinnen und wenigstens zu diesen Zeiten nicht in einen Reaktionsmodus zu verfallen. Sie deaktivierte ihre Push-Nachrichten, platzierte ihr Smartphone neben der Eingangstür statt im Wohnzimmer und definierte Smartphone-freie Zeiträume. Anfangs fand sie sich in einer Umgewöhnungsphase wieder. Laufend ertappte sie sich ins Vorzimmer gehend, um ihre Facebook-, Instagram- und andere Accounts zu checken. Oftmals wurde sie zu ihren Smartphone-freien Zeiten von ihren Einstellungen an ihr eigenes Vorhaben erinnert. Sie war verblüfft, wie automatisiert das alles passierte. Sie legte ihr Smartphone zur Seite und schätzte die Erinnerung, dass es sich bei dieser Tageszeit ja um ihre eigene Qualitätszeit handelte. Plötzlich fand sie Zeit für Dinge, die sie seit Jahren vernachlässigte. Fast täglich widmete sie sich dem Lesen von Büchern, sie startete mit dem Schreiben eines Tagebuchs, integrierte wieder mehr Bewegung und sie setzte sich mit Minimalismus auseinander, um sich von überflüssigen Gegenständen zu trennen.

Wochen später berichtete sie mir, wie sehr sie diese Zeit genoss und dass sie das Gefühl hatte, ihr wurde Zeit geschenkt. Plötzlich schien ihr Tag viel länger zu sein. Sie tauschte stundenlanges Sitzen am Sofa und Scrollen am Smartphone mit wenig Mehrwert gegen echte Qualitätszeit aus. Sie war erstaunt, welche positiven Auswirkung diese Tricks auf ihr Smartphone-Verhalten hatten und darüber hinaus auf viele ihrer Lebensbereiche.

Wie du die Digital Detox Hacks am besten umsetzt

Aus der Praxis weiß ich: All diese Digital Detox Hacks hören sich einfach in der Umsetzung an. Vermutlich hast du auch von genau diesen Empfehlungen bereits gehört. Dennoch kann die tatsächliche Umsetzung eine fordernde Maßnahme sein. Es hört sich wie eine relativ kleine Gewohnheitsänderung an, dennoch sind Ängste, Sorgen und Gedanken damit verbunden. Was ist, wenn ich etwas verpasse? Was ist, wenn sich andere Personen vor den Kopf gestoßen fühlen? Diese und andere Gedanken können unbewusst durch deinen Geist schweben und dich verunsichern. Was kann dich also dabei unterstützen, diese Digital Detox Hacks in dein Leben zu integrieren?

Kleine Schritte sind besser als keine Schritte

Wenn dir die tatsächliche Umsetzung schwerfällt, dann empfehle ich dir, klein zu starten. Überfordere dich nicht, indem du dir auferlegst, alle Empfehlungen sofort anzuwenden. Reflektiere stattdessen, welche sich für dich stimmig anfühlen und wie du sie in deinen Alltag integrieren kannst. Erstelle Listen mit deinen Apps und stelle dir selbst die Fragen, die oben aufgelistet sind.

Die Umgewöhnung kann in kleinen Schritten erfolgen, indem du eine kleine Challenge für dich entwickelst und gleichzeitig noch etwas Ehrgeiz und Spaß mit in die Sache bringst.

Womöglich kennst du das bereits aus anderen Lebensbereichen. Wenn du beispielsweise deinen Wohnbereich aufräumen und dich von kaum verwendeten Gegenständen trennen willst, dann kannst du dies auf einmal tun. Du kannst jedoch auch ein Spiel daraus machen und dich täglich bewusst von einem Gegenstand trennen.

Und genau diesen spielerischen Zugang mag ich auch beim Anwenden diverser Digital Detox Hacks. Natürlich nur, wenn eine sofortige Anpassung der Einstellungen für dich eine Herausforderung darstellt. Wenn es dir aber schwerfällt, wieso sollst du dich überfordern? Dich innerlich stressen, wenn du in das Ganze auch etwas Leichtigkeit bringen kannst? Nimm dir vor, dass du täglich eine Einstellung einer App änderst, dich von einer App trennst oder die Push-Nachrichten einer App deaktivierst. Ganz bewusst. Und spüre, welches Erfolgserlebnis sich danach in dir breit macht.

Nachdem du die Einstellungen Schritt für Schritt geändert und erfolgreich angewendet hast, beobachte dich selbst. Erfahrungsgemäß wirkt es anfangs oftmals ungewohnt. Nach einer kurzen Gewöhnungsphase wirkt der neue Zustand jedoch völlig normal und du wirst merken: Apps, Push-Nachrichten oder sogar dein Smartphone werden dir nicht fehlen. Sollte sich das Gegenteil herausstellen, dann macht es die Technik ebenso einfach möglich, die Einstellung wieder rückgängig zu machen.

Informiere dein Umfeld

Eine weitere Unterstützung dabei, Digital Detox Hacks anzuwenden, ist es, dein Umfeld über diesen Vorgang zu informieren. Sag es besonders Menschen, die bis jetzt deine schnelle Reaktion gewöhnt waren. Oftmals handelt es sich dabei um Familie und enge Freunde. Manchmal entstehen innerliche Ängste, dass man in einem Notfall nicht schnell genug reagieren kann. Ein spannendes Phänomen, wenn man bedenkt, dass es vor gar nicht allzu langer Zeit normal war, nicht sofort erreichbar zu sein – oftmals nicht einmal im Notfall. Und wie häufig tritt dieser Notfall auf? Ich spreche an dieser Stelle nicht von Personen, die sich z. B. auf Rufbereitschaft befinden oder einen schwerkranken Angehörigen im Nebenhaus pflegen. Ich rede hier von Personen, die grundsätzlich gesund sind und deren Umfeld sich ebenfalls guter Gesundheit erfreut. Es fühlt sich an, als würden sich diese Personen freiwillig rund um die Uhr fremdbestimmen lassen, nur um im seltenen Notfall erreichbar zu sein. Ein guter Mittelweg, um notfalls erreichbar zu sein, ohne sich fremdbestimmen zu lassen, ist es, das Umfeld zu informieren. Nämlich genau darüber, dass du ab sofort nicht mehr unmittelbar reagieren wirst. Du erhältst ja keine Push-Nachrichten mehr, sperrst deine Apps regelmäßig oder versteckst dein Smartphone. Informiere dein Umfeld jedoch darüber, dass sie im Notfall deine Nummer wählen sollen. Dich anrufen sollen. Somit kann dein Umfeld beruhigt sein – und auch du selbst. Du entscheidest über dein Smartphone-Verhalten selbstbestimmt und bist dennoch im Ernstfall für alle erreichbar.

> Welche dieser Digital Detox Hacks hast du bereits in deinen Alltag integriert?

> Welche weiteren wirst du nun integrieren (abgestimmt auf deine Bedürfnisse)?

> Was wird dich in deiner täglichen Anwendung der Digital Detox Hacks unterstützen?

Erlebe eine tiefgehende Transformation

Digital Detox Hacks sind eine wunderbare Unterstützung, um deine Gewohnheiten zu transformieren. Ich lade dich dazu ein, sie in deinen Alltag zu integrieren und dein Smartphone auf diesem Weg selbstbestimmt und bewusst zu verwenden.

Gleichzeitig gehen die Digital Detox Hacks wenig in die Tiefe. Ich vergleiche sie gern mit einem Schmerzmittel. Die Anwendung von technischen Hacks wirkt schnell, aber sie bringen dich nur selten zur Wurzel, da sie eher dabei helfen, mit Symptomen umzugehen.

Mein Herzensanliegen ist es jedoch, tiefer zu gehen. Ich halte es für wertvoll und wichtig, das eigene Smartphone-Verhalten als Anlass zu nehmen, um sich selbst noch besser kennenzulernen und persönlich weiterzuentwickeln.

> *Zu verstehen, was hinter einem unbewussten Smartphone-Konsum steckt, welche Emotionen dich zum Klicken und Liken bringen und was genau du brauchst, um deinen bewussten Umgang zu leben: Genau damit kann Verhaltensänderung wirkungsvoll und nachhaltig sein.*

Doch wie kann diese tiefgehende und nachhaltige Weiterentwicklung erfolgen? Hier verlassen wir die Pfade der Digital Detox Hacks. Hier geht es um deine persönlichen Befindlichkeiten, Lebensumstände und Bedürfnisse. Denn es ist deine eigene Reise.

Drei Schritte können und werden dich auf dieser Reise unterstützen:

Erstens, dein ehrlicher Blick auf dein gegenwärtiges Smartphone-Verhalten. Zweitens, deine Reflexion über deine Lebensvision und darüber, wie dein Smartphone-Verhalten aussehen sollte. Und drittens, dein tägliches Praktizieren, um das gewünschte Verhalten zu leben. Hier kann dich vor allem Achtsamkeit unterstützen und selbstverständlich sämtliche Digital Detox Hacks.

3 Schritte, um dein Smartphone-Verhalten nachhaltig zu transformieren:

1. *BEZIEHE DICH AUF DIE GEGENWART*
   Ein ehrlicher Blick auf dein gegenwärtiges Smartphone-Verhalten
2. *BEZIEHE DICH AUF DIE ZUKUNFT*
   Reflexion deiner Lebensvision und darüber, wie dein Smartphone-Verhalten aussehen soll
3. *PRAKTIZIERE TÄGLICH*
   Tägliches Praktizieren deines bewussten Smartphone-Verhaltens

Die Gegenwart: Ein ehrlicher Blick auf dein gegenwärtiges Smartphone-Verhalten

Wo startet man, wenn man Verhalten und Gewohnheiten ändern will? Bevor ich mich Hals über Kopf in eine Veränderung stürze, halte ich es für wichtig, zu wissen, wo ich derzeit überhaupt stehe. Wenn du deinen Smartphone-Konsum verändern willst, finde ich es sinnvoll, dein derzeitiges Verhalten zu beleuchten. Wenn ich mit Klienten zusammenarbeite, widmen wir diesem Part ausreichend Energie und Zeit. Gemeinsam beleuchten wir die Fakten sowie Emotionen, die dahinterstehen.

Fakten-Check

Auf der einen Seite geht es bei der Selbstreflexion um offensichtliche Fakten. Dabei geht es um den Blick auf die eigene Bildschirmzeit und darum, darauf zu achten, wann wie viel Zeit auf welchen Apps verbracht wird. Viele Smartphones bereiten genau diese Informationen regelmäßig auf. Diesen Berichten kannst du entnehmen, wie viel Zeit du täglich, wöchentlich oder monatlich am Smartphone verbringst und welche Apps deine Aufmerksamkeit auf sich ziehen. Sollte dein Smartphone diese Funktion nicht anbieten, gibt es Apps, die genau diese Funktion übernehmen. Ich bin mir der Ironie des letzten Satzes bewusst. Unterstützende Apps können jedoch sinnvoll und fördernd wirken.

Genau für das Erfassen der Bildschirmzeit wurden bereits zahlreiche Unterstützer entwickelt, wie die Apps Quality Time oder Offtime, um dafür Beispiele zu nennen. Wer lieber auf eine App verzichtet, kann dafür einfach einen Zettel und Stift zur Hand nehmen und die Anwendungsfälle manuell erfassen. Erfahrungsgemäß solltest du für diese Methode jedoch einiges an Konsequenz mitbringen, da sie um einiges aufwendiger ist und eine höhere Willensstärke erfordert.

Beim Fakten-Check geht es weder darum, sofort Änderungen einzuleiten, noch geht es um eine subjektive Bewertung. Es soll keinesfalls dazu führen, dass du dich innerlich schlecht fühlst oder redest, weil du vermeintlich zu lange online warst. Vielmehr geht es einfach nur darum, einen Blick auf dein derzeitiges Nutzungs-Verhalten zu lenken – wenn möglich ohne Bewertung.

HOW TO:

➢ *Beobachte, wie viel Zeit du täglich auf welchen Apps verweilst. Es geht hier nicht um Bewertung, sondern um Bewusstwerdung. Viele Smartphones präsentieren dir die sogenannte Bildschirmzeit. Alternativ werden dafür Apps angeboten oder du verwendest einen Zettel und einen Stift.*

Nachhaltige Reflexionsfragen, um Motive hinter dem Smartphone-Verhalten kennenzulernen

Ein Fakten-Check kann wichtig sein. Vor allem für Menschen, die gerne Daten und Fakten sehen, können Zahlen und Berichte ein großes Aha-Erlebnis bieten und eine Verhaltensänderung anstoßen. Ich persönlich finde, das ist ein sehr guter Startpunkt, jedoch will ich mehr in die Tiefe gehen.

Selbstreflexion bedeutet für mich nicht ausschließliches das Sammeln von Daten. Vielmehr bedeutet sie für mich eine ehrliche Auseinandersetzung mit mir selbst, neue Facetten an mir zu entdecken und mich selbst ehrlicher zu verstehen.

> *Wahre Reflexion blickt hinter nackte Zahlen und Daten. Es ist ein Blick hinter die Kulissen.*

Reflexion bezogen auf das Smartphone gilt dem Hinterfragen, weshalb du auf dein Smartphone klickst. Was du dir davon, tief im Innersten, erwartest und wie du dich dabei fühlst.

Dafür benötigst du vor allem Neugierde dir selbst gegenüber. Außerdem kann eine Portion Mut hilfreich sein und die Lust darauf, dich selbst besser kennenzulernen. Und eventuell benötigst du etwas Übung und Geduld mit dir selbst. Im Wesentlichen geht es darum, dich selbst zu beobachten und dein Verhalten im Bedarfsfall zu hinterfragen.

Nehmen wir einmal an, dass du abends von der Arbeit heimkommst. Vielleicht fühlst du dich oftmals zu erschöpft, um mit deinem Partner zu sprechen, etwas zu kochen oder dich sportlich zu betätigen. So hast du es dir zur Gewohnheit gemacht, direkt auf das Sofa zuzusteuern, es dir bequem zu machen und dein Smartphone zu zücken. Manchmal vergehen 30 Minuten, oft jedoch auch eine Stunde, ehe du dich in der Lage fühlst, wieder am Leben abseits deines Smartphones teilzunehmen. Ich erwähne dieses Beispiel deshalb wiederholt, da ich es in meiner Praxis immer wieder geschildert bekomme.

Nachdem dieser Prozess bereits völlig automatisiert abläuft, kann Reflexion mit tiefergehenden Fragen ein wesentlicher Schritt sein, um dir diese Situation überhaupt ins Bewusstsein zu rufen. In der Reflexion hast du die Möglichkeit, dir deines automatisierten Verhaltens bewusst zu werden, deine dahinterliegenden Motive kennenzulernen und dein Verhalten zu verändern.

Stelle dir regelmäßig die folgenden oder ähnliche Fragen. Als Fragezeitpunkt eignen sich Momente, in denen du zum Smartphone greifst:

➤ Was veranlasst mich gerade, mein Smartphone zu verwenden?

➤ Wie geht es mir gerade? Welches Gefühl veranlasst mich, mein Smartphone zu verwenden?

➤ Was steckt dahinter? Was (z.B. welche Emotion) wünsche ich mir jetzt gerade?

- Was erwarte ich mir von meiner bevorstehenden Smartphone-Nutzung?
- Ist das Smartphone die einzige Möglichkeit, diese dahinterliegende Erwartung zu stillen?

Alle Fragen wollen auf eines hinaus: Sie entwerfen ein Bild, wie es dir gerade geht und weshalb du dein Smartphone verwendest. Sie wollen jedoch vor allem verstehen, was dahintersteckt.

Vermutlich wirst du dir nicht jedes Mal alle Fragen stellen. In der Praxis bewährt es sich, eine Frage für sich zu definieren, die du dir dann immer wieder stellst.

Der Griff zum Smartphone ist oftmals ein Symptom für etwas Tiefergehendes. Um das Beispiel von vorhin aufzugreifen: Abends nach der Arbeit sitzt du am Sofa und scrollst auf und ab. Wie ich in meiner Praxis bemerke, können die Motive dahinter unterschiedlichen Ursprungs sein. Es könnte sein, dass du dich einsam fühlst. Den ganzen Tag wurdest du von den vielen Tätigkeiten und Menschen abgelenkt. Doch abends kommst du nach Hause und spürst eine Leere und ein Gefühl der Einsamkeit in dir. Das fühlt sich selten gut an. Und wer heißt schon etwas, was sich nicht gut anfühlt, gerne willkommen? Nichts leichter als ein Griff zum Smartphone, um genau diese aufsteigenden Emotionen zu unterdrücken.

Eine weitere Möglichkeit könnte sein, dass du Anerkennung suchst. Dein Tag war wenig erfolgreich, du kommst nach Hause und lechzt nach irgendwas, was deinen Status hebt und dir Anerkennung verschafft. Nichts davon passiert bewusst. Aber unbewusst sehnen wir uns danach, gesehen zu werden. Der Griff zum Smartphone kann dein Hoffnungsschimmer sein, um gesehen zu werden. Likes und Kommentare auf deine geposteten Bilder schenken dir sehr wichtige Anerkennung.

Für jeden von uns sieht der tiefergehende und dahinterliegende Grund für den Klick auf das Smartphone anders aus. Mit einer oder mehreren Reflexionsfragen kommst du jedoch deinen eigenen Gründen und Motivationen auf die Spur.

Wichtig ist dabei, dass du im Beobachtermodus bleibst, statt zu bewerten oder über dein Handeln zu urteilen. Und bestenfalls bist du ein liebevoller, verständnisvoller und neugieriger Beobachter. Der einfach nur zuschaut und dich über dein Verhalten informiert.

 *Reflektiere dein Verhalten für einen längeren Zeitraum: Welche Motive stecken bei dir hinter einem unbewussten Smartphone-Konsum? Können diese Motive auch anders gestillt werden?*

Die Zukunft: Reflexion und Entwurf eines dir entsprechenden Smartphone-Verhaltens

Hast du in deiner Vergangenheit bereits einmal Gewohnheiten transformiert? Vielleicht hast du deine Ernährung umgestellt, mit dem Rauchen aufgehört oder mehr Sport in dein Leben integriert. War es leicht für dich, Gewohnheiten einfach so umzustellen? Oder gab es nicht doch immer wieder Tage, an denen die Umstellung fordernd für dich war?

Oft haben sich Gewohnheiten stark in unserem Leben etabliert. Diese festgefahrenen Muster zu ändern, stellt oft eine Herausforderung dar. Zumal wir die Ausführung ja oftmals gar nicht bewusst wahrnehmen. Und selbst wenn wir das tun, manchmal gehen unsere festgefahrenen und automatisierten Verhaltensmuster einfach mit uns durch. Wir brauchen also etwas tieferliegendes, das uns intrinsisch dazu motiviert, unsere Gewohnheiten zum Positiven zu transformieren.

Viele Menschen wollen ihre Verhaltensmuster ändern, weil sie das derzeitige Verhalten als schmerzhaft wahrnehmen. Beispielsweise bemerken sie, dass sie vom häufigen Smartphone-Konsum Kopfweh bekommen.

Manche Menschen erfahren über Ratgeber, dass sich ein exzessiver Smartphone-Konsum destruktiv auswirkt und wollen deshalb ihre Gewohnheiten ändern. Diese Szenarien unterliegen entweder einer extrinsischen Motivation oder gleichen einer „Weg-Von"-Reaktion eher als einer „Hin-Zu"-Reaktion.

All diese Motivatoren können funktionieren. Eine „Weg-Von"-Motivation kann oft sehr stark sein, vor allem wenn es um Schmerz oder Krankheit geht. Auch extrinsische Motivatoren können inspirieren und dazu veranlassen, Gewohnheiten zu adaptieren.

Dennoch hinterfragen wenige Menschen ihr tatsächliches „Warum" im Zuge einer Verhaltensänderung. Was ist der dahinterliegende Grund oder die Motivation, um den Smartphone-Konsum bewusst und selbstbestimmt zu leben? Wenn du deiner Veränderung einen Sinn gibst, stellt dies eine „Hin-Zu"-Reaktion dar und wirkt meist als stärkerer Antrieb. Er kommt von dir selbst, wirkt also intrinsisch und ist nachhaltig.

Denn stell dir vor, dich treibt ein „Weg-Von"-Motivator, wie die Vermeidung von Schmerz, an. Was passiert, wenn sich der Schmerz, der dich angetrieben hat, auflöst? Plötzlich löst sich dein latentes Kopfweh auf. Egal ob du stundenlang auf deinen Smartphone-Bildschirm schaust oder nicht: Das Kopfweh kommt nicht mehr zurück. Was motiviert dich dann noch, deinen selbstbestimmten Smartphone-Umgang zu leben? Oder löst sich dann auch deine Motivation auf, dein Smartphone bewusst zu konsumieren?

Auf der anderen Seite kann dich dein Warum, also dein dahinterliegender Sinn, intensiv und nachhaltig antreiben und einen Wandel ermöglichen. „Wer ein Warum hat zu leben, erträgt fast jedes Wie", proklamierte schon

Friedrich Nietzsche. Genau diese Worte beschreiben sehr gut, wie wichtig es ist, sich der eigenen Antreiber bewusst zu sein.

Auch Viktor E. Frankl dient mir als große Inspirationsquelle. Er war unter anderem Neurologe und Psychiater sowie der Begründer der Logotherapie und Existenzanalyse, einer psychologischen Behandlungsform. Frankl erlebte im Zweiten Weltkrieg das Leben im Konzentrationslager und schrieb dazu das weltbekannte Buch *...trotzdem Ja zum Leben sagen.*

Frankl stellte das Thema „Sinn" in das Zentrum seines Wirkens. Abgesehen davon, dass er die Meinung vertrat, dass sich in jeder Situation eine Sinnmöglichkeit wiederfindet, sah er Sinn als Motor an. Was wir dafür tun müssen? Wir müssen die Entscheidung treffen, Situationen und somit auch unserem Leben einen Sinn zu verleihen.

Frankl beschreibt, dass wir nicht auf alle Situationen Einfluss ausüben können. Dennoch kann uns niemand die zutiefst menschliche Freiheit nehmen, zu wählen. Selbst wenn eine Situation scheinbar aussichtslos erscheint, kann man dieser dennoch Sinn verleihen. Es ist eine innere Entscheidung, wie du in jeder Situation handelst und warum du dies genau so machst.

Wie willst du wirken?

Bezogen auf den Smartphone-Konsum: Wir finden uns heutzutage in einer Situation wieder, die durch digitale Medien geprägt wird. Aber unsere Freiheit liegt unter anderem auch darin, diese für unser Leben positiv zu nützen, anstatt uns passiv treiben zu lassen.

> *Wenige Menschen hinterfragen die Motive oder den Sinn hinter ihrem Verhalten. Und noch seltener kommt es vor, dass Menschen sich bewusst damit auseinandersetzen, wie ihr eigenes Leben eigentlich aussehen sollte.*

Oftmals versinken wir im Alltagstrott und verlieren uns in dem, was die Gesellschaft von uns verlangt. Ob wir das auch tatsächlich wollen oder ob es mit unseren Lebensvorstellungen übereinstimmt, das wird nur selten hinterfragt.

Deshalb halte ich die Auseinandersetzung damit, wie wir mit der eigenen Lebenszeit umgehen und damit, wie wir im eigenen Leben wirken wollen, als wesentlich.

Hast du dir bereits die Frage gestellt, wie du wirken willst? Welche Spuren du auf dieser Welt hinterlassen willst? Was deine Werte sind, die dich wirken lassen? Wenn ich diese Frage in der Praxis stelle, steigt beim Gegenüber oftmals Panik auf. Es klingt so groß, so mächtig und so unglaubwürdig. Beispielsweise denken viele Klienten, dass sie nur wirken können, wenn sie berühmt oder einflussreich werden. Und genau deshalb scheint ihr Ziel oft unerreichbar. Vielmals vergessen wir, dass wir in jeder Sekunde wirken. Du brauchst dafür kein berühmter Medienstar zu sein. Dennoch hinterlässt du große Spuren. Und das tagtäglich, in jeder Sekunde deines Lebens.

Falls du das nicht glauben kannst, dann denke an dein Umfeld. Denke daran, wie ihr euch gegenseitig beeinflusst. Werde dir bewusst, für wie viele Menschen du wissentlich oder unwissentlich als Inspirationsquelle oder als Vorbild agierst. Denke an die Auswirkungen auf dein enges Umfeld, wenn du schlecht drauf bist. Wenn du das Gefühl hast, das Leben ist gegen dich und wenn du einfach nichts anderes tun möchtest, als tagein und tagaus zu jammern. Oder denke an die Konsequenzen, die es auf dein enges Umfeld hat, wenn es dir gut geht, du energiegeladen bist und das Leben in vollen Zügen genießt. Vor allem deine Familie wird diese Auswirkungen zu spüren bekommen und in diesem Umfeld wirkst du in jeder Sekunde.

Ich mag das Bild eines ruhigen Gewässers. Stell dir vor, dass du vor einem klaren, ruhigen und wunderschönen Wasser stehst. Vielleicht ist es ein

Teich, vielleicht ein See. Du blickst auf die Wasseroberfläche und genießt den Anblick. Stell dir nun vor, dass du einen Stein am Wegrand findest. Einen runden Stein, der weder zu klein noch zu groß ist. Nimm diesen Stein in deine Hand und wirf ihn in das ruhige und klare Wasser.

Was passiert? Es bilden sich Ringe im Wasser, die vom Stein ausgehend immer weiter nach außen wandern und immer größer werden.

Genau diesen Einfluss hat auch dein tagtägliches Wirken. Und dazu gehört alles, was du tust, denkst, fühlst und wie du handelst. Stell dir vor, du bist der Stein und du setzt eine Handlung. Das Wirken dieser Handlung breitet sich aus, wie die Kreise, die im Wasser gezogen werden. Und erreicht eventuell sogar Dimensionen, an die du vorab nicht gedacht hättest.

Hat man definiert, wie man im Leben wirken möchte, fällt es um einiges leichter, auch den Smartphone-Konsum darauf abzustimmen. Es genügt die einfache Frage: Unterstützt mich mein Smartphone gerade dabei, das Leben meiner Träume zu gestalten?

Es gibt viele Möglichkeiten, um sich mit seinem tiefliegendem „Warum" auseinanderzusetzen. Meine Lieblingsmethode ist ein gedankliches Reisen in die Zukunft und die Auseinandersetzung mit deinem zukünftigen Ich. Wir haben dies im Rahmen des Buches bereits kennengelernt. Nur dass du nun deiner Zukunfts-Version andere Fragen stellst – Fragen, die sich tiefer mit dem Sinn deines Lebens auseinandersetzen.

Wie du deine Zukunftsvision definieren kannst:
➤ *Nutze die Kraft deiner Gedanken und triff deine Zukunfts-Version*
Lass uns gedanklich in deine Zukunft reisen. Du weißt bereits, dein Geist kann gedanklich reisen. Vermutlich hast du das auch schon oft erlebt, wenn deine Gedanken einfach abgedriftet sind. Nun erzeugen wir diesen Zustand ganz bewusst und in eine von dir gewollte Richtung.

Gemeinsam reisen wir also in deine Zukunft bis an diesen Tag, an dem du um einiges älter, aber sehr weise bist. Vielleicht bist du wieder um die 96 Jahre alt oder wähle ein Alter, das für dich gerade passend erscheint. Vielleicht kannst du dich jetzt in deiner Zukunftsversion sogar wahrnehmen und sehen.

Werde dir bewusst, dass es deiner Zukunftsversion sehr gut geht. Du strahlst, sprühst vor Lebendigkeit und du siehst blendend aus. Ein Blick genügt und es ist ersichtlich, dass du glücklich, zufrieden und erfüllt bist. Du lebst das Leben deiner Träume und genießt deine wertvolle Lebenszeit.

Nachdem du all das wahrgenommen hast, nimm gedanklichen Kontakt mit deiner Zukunfts-Version auf, um mit ihr zu kommunizieren. Bestimmt weißt du, dass dein Geist auch diese Fähigkeit besitzt. Wie oft ertappen wir uns bei Selbstgesprächen oder ähnlichen inneren Dialogen. Hier machst du nichts anderes.

➤ *Wechsle die Perspektive und reflektiere aus Sicht deiner Zukunfts-Version*
Versetze dich in deine Zukunfts-Version hinein und wechsle die Perspektive. Nachdem du nun dein Leben aus Sicht einer älteren, aber sehr weisen Version von dir beleuchtest, kannst du nun jede Frage stellen, auf die du gerne eine Antwort hättest.

Blicke aus dieser Perspektive auf dein Leben und stelle dir folgende Fragen:
- Was möchte ich am Ende meines Lebens hinterlassen haben?
- Was möchte ich während meines Lebens weitergegeben haben?
- Was sollen andere Personen nach meinem Ableben über mich erzählen?
- Wie habe ich auf andere Personen gewirkt?

- Welche Werte habe ich während meines Lebens verfolgt und inwiefern haben sie mich darin unterstützt, meine Träume zu verwirklichen?
- Womit habe ich meine Lebenszeit verbracht?

Kurz zusammengefasst: Was willst du später einmal über dein Leben sagen können? Notiere dir gerne alles, was in dir hochkommt.

Stephen R. Covey hat dazu eine interessante Übung veröffentlicht. In seinem Buch *The 7 habits of highly effective people* unterstreicht er die Wichtigkeit der eigenen Lebensmission. Und wie definiert man diese? Erstens ist auch er der Meinung, dass sich diese Mission nicht von heute auf morgen entwickeln lässt. Vielmehr muss diese wachsen und reifen. Zweitens animiert er dazu, die eigene Vorstellungskraft zu nützen, um eine Definition für sich zu finden. Er lädt zu einer Übung ein, in der du deine eigene Grabrede schreibst. Versetze dich in die Lage deiner Beerdigung und stell dir vor, was deine Liebsten über deinen Tod hinaus über dich berichten. Damit kannst du ziemlich rasch feststellen, wo deine Prioritäten und Werte liegen. Covey ist davon überzeugt, dass das Auseinandersetzen mit der eigenen Mission verändernd wirkt. Es zwingt regelrecht dazu, die eigenen Prioritäten zu überdenken und sie auf das eigene Verhalten und Glaubensmuster abzustimmen.

Auch du kannst diese Übung so oft wiederholen, wie du möchtest. Es ist ganz normal, dass Antworten erst nach und nach erscheinen. Und manche Antworten werden dich einfach so während deines Alltages überraschen. Bestimmte Aspekte werden sich auch wieder verändern. Nichts von dem, was du über dich selbst entdeckst, ist in Stein gemeißelt.

Sobald du dich damit auseinanderzusetzen beginnst, was du in deinem Leben willst, kannst du dein derzeitiges Leben danach ausrichten. Und du verstehst, warum du das tust: Weil deine Lebenszeit wertvoll ist und dein Wirken einen Unterschied für dein Umfeld und somit für die Welt macht.

Reflektiere regelmäßig, ob du heute genauso denkst, handelst und lebst, wie es deine ältere Version machen würde. Oft tendieren wir dazu, genau das auf später zu verschieben. Doch später ist irgendwann die Gegenwart. Es liegt in deiner Hand: Willst du deine Lebenszeit deinen Träumen entsprechend leben? Dann darfst du auch jetzt damit beginnen.

Verbindung zum Smartphone

Was hat das persönliche Warum nun mit dem Smartphone-Konsum zu tun?

> *Oftmals glauben wir, wir haben ewig Zeit. Wir wollen nicht wahrhaben, dass unser Leben hier auf dieser Welt endlich und somit zeitlich begrenzt ist. Wir verschieben Tätigkeiten, die uns eigentlich wichtig wären, auf später.*

Und das Hier und Jetzt füllen wir mit belanglosem Zeitvertreib. Wenn wir später zurückblicken, sehen wir vielleicht Vieles, was man anders hätte machen können. Dazu gehört eventuell auch die übermäßige Benützung des Smartphones. Es ist gemütlich und kostet wenig Energie, stundenlang von App zu App zu springen. Ein guter Zeitvertreib eben. Doch führt dich diese Beschäftigung dorthin, wo du am Ende deines Lebens stehen willst? Möchtest du, wie anfangs beschrieben, am Ende des Lebens sagen können, dass du täglich um die zweieinhalb Stunden belanglos am Smartphone warst? Wie du bereits weißt, aufgerechnet ergibt das auf 80 Jahre, in denen du ein Smartphone besitzt: acht Jahre.

An dieser Stelle sei gesagt: Nichts spricht dagegen, ein Smartphone zu besitzen und es sinnvoll und bewusst zu verwenden. Es spricht auch nichts dagegen, hin und wieder ein paar Stunden belanglos am Smartphone zu hängen, weil die Energie für andere Tätigkeiten fehlt. Aber möchtest du das wirklich acht Jahre werden lassen?

Ich wünsche jedem Menschen, dass er am Ende des Lebens mit einem Lächeln und Zufriedenheit zurückblickt und von sich behaupten kann, die eigene Lebenszeit ausgekostct zu haben. Wenn du dir genau das für dein Leben wünscht, dann ist es heute an der Zeit, genau das zu leben, was du als wichtig definierst.

 *Definiere und notiere dir, was dir im Leben wirklich wichtig ist und wie du wirken willst.*

Tägliches Praktizieren deines bewussten Smartphone-Verhaltens

Nun hast du beleuchtet, wo du mit deinem Smartphone-Verhalten derzeit stehst. Du hast dich damit auseinandergesetzt, wohin du willst. Aber wie kannst du nun dein selbstbestimmtes und bewusstes Smartphone-Verhalten praktizieren und leben?

Auch hier werden mit Begeisterung Checklisten und 10-Schritte-Programme vorgestellt, die dich über Nacht zum Erfolg führen sollen. Ich persönlich glaube nur mäßig daran. Ich glaube vielmehr, dass du dich ab sofort auf einer Reise befindest, die einem Prozess gleicht. Täglich darfst du Wegstrecken deiner Reise begehen und dich darauf einlassen, was dir heute begegnet.

Diese Reise besteht aus der ehrlichen und achtsamen Beobachtung deines Verhaltens sowie dem Entwickeln neuer Gewohnheiten. Dabei halte ich

Achtsamkeit für einen der wesentlichen Begleiter, der dich zum gewünschten Smartphone-Verhalten führen kann.

Was ist mit Achtsamkeit gemeint?

Mark Williams ist wissenschaftlicher Wegbereiter für die Methode „Stressbewältigung durch Achtsamkeit" – im Englischen auch kurz MBSR (Mindfulness-Based Stress Reduction) genannt. Gemeinsam mit Danny Penmann schrieb er ein Buch zu genau diesem Thema. Sie definieren in diesem Buch, was es heißt, achtsam zu sein: „Achtsam zu sein heißt zu beobachten, ohne zu kritisieren; es bedeutet, uns selbst gegenüber mitfühlend zu sein." Durch Achtsamkeit lernen wir uns sowie unsere Gedankenmuster besser kennen und können dadurch unser Leben selbst in die Hand nehmen.

Ich kann dieser Definition von Achtsamkeit viel abgewinnen. Für mich bedeutet Achtsamkeit das, was ist, wahrzunehmen. Den gegenwärtigen Moment, was ich gerade tue und wie ich mich gerade fühle. Es heißt für mich auch, aufmerksam und präsent zu sein.

Achtsamkeit kann dich dazu befähigen, dass du deine aktuelle Tätigkeit überhaupt bewusst wahrnimmst. Zugegeben, das hört sich schräg an: Wieso sollst du nicht mitbekommen, was du gerade machst? Doch wie oft kommt es vor, dass wir tatsächlich nicht mitbekommen, was wir gerade tun? Nichts leichter als in unseren automatisierten Modus zu schalten und unser Leben geschehen zu lassen.

Und selbst wenn wir gerade nicht unseren inneren Autopiloten aktiviert haben, wie oft sind wir mit unseren Gedanken gerade bei unserem gegenwärtigen Handeln? Denke gerne selbst darüber nach: Wie oft bist du gedanklich genau in diesem Moment und bei der Tätigkeit, die du eben gerade ausführst? Wie oft hingegen befindest du dich zwar physisch in der Gegenwart, gedanklich schwebst du jedoch in der Vergangenheit oder in der Zukunft?

Genau dazu gibt es eine wunderschöne Geschichte, deren Ursprung nicht ganz geklärt ist, vermutlich aber aus dem Zen-Buddhismus stammt. Diese Geschichte bringt all das Gesagte auf den Punkt:

Ein Weiser wurde einmal gefragt, warum er trotz seiner vielen Beschäftigungen immer so gelassen sein könne. Er antwortete:
„Wenn ich stehe, dann stehe ich;
wenn ich gehe, dann gehe ich;
wenn ich sitze, dann sitze ich;
wenn ich esse, dann esse ich;
wenn ich spreche, dann spreche ich …"
Da fielen ihm die Fragesteller ins Wort.
„Das tun wir auch, aber was machst du noch darüber hinaus?"
Er sagte wiederum:
„Wenn ich stehe, dann stehe ich;
wenn ich gehe, dann gehe ich;
wenn ich sitze, dann sitze ich;
wenn ich esse, dann esse ich;
wenn ich spreche, dann spreche ich …"
Wieder sagten die Leute:
„Das tun wir doch auch."
Er aber sagte zu ihnen: „Nein,
wenn ihr sitzt, dann steht ihr schon;
wenn ihr steht, dann lauft ihr schon;
wenn ihr lauft, dann seid ihr schon am Ziel."

Achtsamkeit kann uns also dabei unterstützen mit unseren Gedanken zu sein, wo sich auch unser Körper gerade befindet. Wir schweifen weder gedanklich in die Ferne noch hängen wir in einer anderen Zeit fest. Vielmehr befinden wir uns im Hier und Jetzt.

Wieso ist Achtsamkeit so ein wesentlicher Faktor?

Wenn wir viele Prozesse automatisiert ausführen, dann brauchen wir Erinnerungen, die uns auf diese Automatismen aufmerksam machen. Dabei kann die Achtsamkeit unterstützen.

Natürlich kannst du dir stattdessen auch neue Gewohnheiten durch Regeln und Restriktionen auferlegen. Doch ist es fraglich, ob die Motivation für die Durchführung dann nicht früher oder später verblasst. Was wäre, wenn deine Motivation für die Durchführung jedoch intrinsisch und fernab von jeglichem Zwang entsteht? Für mich persönlich steigt in diesem Moment die Wahrscheinlichkeit der nachhaltigen Integration der Gewohnheit.

Oder kennst du das? Du willst eine neue Gewohnheit in dein Leben lassen, schaffst dies jedoch nicht auf Anhieb. Zum Beispiel beschließt du am Silvesterabend, im neuen Jahr viermal in der Woche das Fitnessstudio zu besuchen. Bereits wenige Wochen später bemerkst du, dass ein Besuch deines Lieblingsrestaurants doch attraktiver ist. Als würde dich die Welt provozieren wollen, wirst du plötzlich regelmäßig von Freunden gefragt, ob du sie zu Feierabend zu einem deiner Lieblingsrestaurants begleitest. Wer soll hier widerstehen können? Du sicher nicht. Und deshalb kannst du gar nicht so schnell nachdenken, ehe du deine Zusage bestätigst und den kulinarischen Abend mit Freunden genießt.

Der erste Abend: Du genießt die Gesellschaft und das wunderbare Essen. Doch was passiert dann? Jeder weitere Abend in deiner Lieblingsbar oder deinem Lieblingsrestaurant könnte ebenso viel Freude bereiten. Dennoch macht sich parallel ein Beigeschmack als Begleiterscheinung breit: das schlechte Gewissen. Das Gefühl, man hat es verbockt. Wieder nicht geschafft, regelmäßig das Fitnessstudio aufzusuchen und stattdessen der Versuchung eines kulinarischen Abends nachgegangen. Wieder rückfällig geworden.

Das schlechte Gewissen breitet sich aus: so intensiv, dass es sogar innere Selbstgespräche anzettelt. Der innere Monolog spitzt sich mehr und mehr zu und die Wortwahl wird zunehmend aggressiver. Innerlich fallen Sätze wie: „Du schaffst ja sowieso nichts" oder „Schon wieder hast du es verhaut und konntest nicht durchziehen, was du dir vorgenommen hast". All das passiert nur in deinem Kopf.

Wie fühlt es sich an, wenn diese Gedanken durch deinen Kopf jagen? Wenn du dir all diese Anschuldigungen und Beschimpfungen vor Augen hältst? In den meisten Fällen macht sich noch eine dazugehörige Emotion breit: das Gefühl versagt zu haben oder nicht gut genug zu sein. Emotionen, die sich selten gut anfühlen und uns in den wenigsten Fällen bestärken und strahlen lassen.

Ist es ein Einzelfall, dass wir uns selbst das Leben schwer machen, indem wir uns innerlich beschimpfen und klein machen? Wohl kaum!

Vielleicht fällt es dir schwer zu glauben, dass wir so mit uns selbst umgehen. Aber wie oft hast du deine Wortwahl im inneren Monolog bereits beobachtet? Ein weiterer Automatismus, den wir oftmals bewusst gar nicht mehr wahrnehmen. Zwanghafte Gewohnheitsänderungen enden manchmal in Frustration. Nicht nur scheitert die Einführung einer neuen Gewohnheit. Oftmals geht dies auch noch mit einer Selbst-Geißelung einher. Einfach nur, weil wir mit uns selbst undankbar und unwürdig umgehen.

Wie wäre es, wenn du würdevoll und liebevoll mit dir umgehst? So als würdest du deine beste Freundin dabei unterstützen, eine neue Gewohnheit zu integrieren. Würdest du sie beschimpfen und sie klein machen, nachdem sie einmal gescheitert ist? Oder würdest du sie aufbauen, unterstützen und bestärken weiterzumachen? Mit welchem Szenario siehst du die Wahrscheinlichkeit als höher an, dass deine Freundin an sich glaubt und weitermacht?

> *Destruktive Verhaltensmuster und dazugehörige Selbstgespräche können oft nicht verhindert werden. Was wir jedoch in der Hand haben, ist, die Gedankengänge zu unterbrechen und darauffolgend unser Verhalten zu adaptieren.*

Achtsamkeit kann dir genau dabei helfen. Sie unterstützt dich dabei, dein Verhalten zu beobachten, zu reflektieren und einen liebevollen Umgang mit dir in deinem Veränderungsprozess zu pflegen. Nicht um ein Freiticket dafür zu haben, alles durchgehen zu lassen. Sondern um dein Verhalten nachhaltig, liebevoll und würdevoll zu transformieren.

Reflektiere, wie du innerlich mit dir selbst sprichst. Beobachte dabei deine Wortwahl und deinen Umgang dir selbst gegenüber.

Jedes Mal, wenn du destruktiv mit dir selbst umgehst, stell dir vor, dass du mit deiner besten Freundin sprichst. Wie würdest du mit ihr umgehen? Was würdest du zu ihr sagen? Welche Worte würdest du wählen, um mit ihr zu kommunizieren?

Entscheide dich, mehr und mehr mit dir selbst umzugehen, als wärst du deine eigene beste Freundin und kommuniziere genau so mit dir selbst.

Wie kannst du Achtsamkeit in dein Leben lassen, um dein Smartphone-Verhalten zu transformieren?

Bei Achtsamkeit geht es darum, präsent zu sein und zu beobachten, was gerade ist. Im Alltag fällt es uns häufig schwer, achtsam zu sein. Tatsächlich den Moment wahrzunehmen und auszukosten. Oftmals bleiben Gedanken in der Vergangenheit hängen oder reisen bereits in die Zukunft. Und was passiert mit dem gegenwärtigen Moment? Der wird von unseren eigenen Automatismen gesteuert.

Wer also Achtsamkeit in sein Leben integrieren will, darf dies regelmäßig praktizieren – entweder durch fixe Routinen oder in anlassbezogenen Situationen:

➢ *Innehalten: Integration von Routinen*
Wie vieles im Leben will auch Achtsamkeit geübt und regelmäßig praktiziert werden. Am besten entwickelst du eine Routine, die du als fixen Bestandteil in deinen Alltag integrierst. Dabei kann es sich um geführte, nicht-geführte Meditation, Atemtechniken oder Achtsamkeitsübungen handeln.

Wichtig ist, dass dich diese Routine in die Entspannung sowie in das Hier und Jetzt versetzt. Dies gilt als Voraussetzung für einen klaren Kopf, der dann in weiterer Folge auch deine eigene Reflexion ermöglicht.

Probiere aus, welche Art von Achtsamkeitspraxis zu dir und deinem Lebensstil passt und kopple diese mit deiner Morgen-, Mittag-, oder Abendroutine. Wenn dein Leben vollgepackt ist mit Tätigkeiten, musst du dich nicht sofort für dreißig Minuten ausklinken. Denke daran, auch drei oder fünf Minuten, die du regelmäßig durchführst, sind besser als keine Minute.

➢ *Innehalten: Anlassbezogen*

Du kannst Momente, in denen du gewohnheitsmäßig zum Smartphone greifst, als Erinnerung nützen, um innezuhalten. Es erfordert ein wenig Übung, kann mitunter jedoch sehr wirkungsvoll sein.

Auslöser

Erfasse Momente, in denen du automatisiert zum Smartphone greifst und erkenne die Auslöser dafür. Überlege dir, in welchen Momenten du es dir zur Gewohnheit gemacht hast, unbewusst zum Smartphone zu greifen. Was genau ist der Auslöser dafür und was passiert, kurz bevor du dein Smartphone aktivierst?

Womöglich ist es das Hinsetzen auf das Sofa, das Ausschalten deines Weckers in der Früh, das Stellen deines Weckers am Abend oder das Hinsetzen am Mittagstisch.

Reflexions-Moment

Wenn du diesen Auslöser wahrnimmst, widerstehe den Impuls zum Smartphone zu greifen und halte stattdessen inne.

Es ist wichtig, dass du dir darüber bewusst wirst, wenn dich dein Auslöser zum Smartphone-Konsum verführt. Womöglich dauert dieser Prozess ein wenig, sei also geduldig mit dir. Doch sobald du dir über deinen Auslöser bewusst wirst, kopple diesen mit einer neuen Gewohnheit: mit einem kurzen Moment des Innehaltens und der Reflexion.

Du verbindest diesen Auslöser mit deiner neuen Gewohnheit der Reflexion ganz einfach, indem du übst, dir über das, was du gerade machst, bewusst zu werden. Anfangs ist vor allem hier sehr viel Willenskraft gefordert.

Dieser Reflexions-Moment ist deshalb so wichtig, weil er dich darauf auf-
merksam macht, dass du gerade dabei bist, einem automatisierten Ver-
haltensmuster zu folgen. In der Praxis hat sich dafür der von dir erkannte
Auslöser bewährt. Das in die Hand Nehmen des Smartphones oder das
Klicken des Home Buttons: Das sind Handlungen, die normalerweise
zum gewohnten und automatischen Smartphone-Verhalten führen.

Beobachtung
Nütze den Reflexions-Moment, um dein Verhalten zu beobachten.
Werde dir bewusst, was gerade passiert. Du kannst dir vorstellen,
dass du die Perspektive wechselst und wie in eine Art Beobachterrol-
le schlüpfst. Aus dieser Rolle heraus kannst du dein eigenes Smartphone-Verhalten beobachten.
Stell dir diese Szenen gerne bildhaft vor. Auch wenn dies erst einmal
eigenartig auf dich wirkt. Unser Gehirn liebt es, in Bildern zu denken,
und so fällt es oft leichter, die Perspektive zu wechseln.
Um dafür ein Beispiel zu nennen: Stell dir vor, du bemerkst, dass du
gerade den Drang verspürst, dein Smartphone in die Hand zu nehmen.
Du erkennst den Auslöser und nützt ihn als Reflexions-Moment, at-
mest ein paar Mal tief ein und malst dir gedanklich aus, wie du dein
Outfit änderst und dich als Beobachter verkleidest.

➢ *Atme und komme zur Ruhe*
Egal für welche Achtsamkeitspraxis du dich entscheidest, nütze deinen Atem, um zur Ruhe zu kommen. Eine tiefe Ein- und Ausatmung
in deinen Bauchbereich kann dich umgehend entspannen. Lege eine
deiner beiden Hände auf deinen Brustbereich und die andere Hand
auf deinen Bauch. Beobachte zuerst, wie dein Atem fließt und ver-

suche dann so zu atmen, dass sich die Hand auf deinem Bauch stärker bewegt. So atmest du automatisch tiefer in deinen Bauch und förderst deine Entspannung.

Lass auch gerne alle körperlichen und gedanklichen Anspannungen los, indem du diese bewusst ausatmest.

➢ *Nun bist du in der perfekten Position, um achtsam zu reflektieren*
In dieser entspannten Position ist es dir nun möglich, Abstand zu gewinnen und zu reflektieren – es ist so, als würdest du dich selbst beobachten. Du kannst dir bewusstwerden, was du denkst und gleichzeitig hast du hier die Chance, aus destruktiven Selbstgesprächen, Verhaltensmuster oder Emotionen auszusteigen. Williams und Penmann beschreiben im Buch *Das Achtsamkeitstraining* diesen Zustand wie folgt: „Es ermöglicht uns, die Welt wieder mit offenen Augen zu betrachten. Und wenn wir das tun, spüren wir auf einmal wieder dieses Staunen und diese stille Zufriedenheit mit dem Leben."

➢ *Stelle dir Fragen*
Genau in dieser achtsamen Position, kannst du dir Fragen zu deinem gegenwärtigen sowie zukünftigen Smartphone-Verhalten stellen.
- Gegenwärtiges Smartphone-Verhalten
  Hinterfrage, weshalb du klickst und was dahinter steckt. Nütze die obenstehenden Fragen dafür.
- Zukünftiges Smartphone-Verhalten
  Stelle dir dafür einfach die ehrliche Frage:
  „Inwieweit unterstützt mich mein gegenwärtiges Smartphone-Verhalten beim Erreichen meiner Lebensvisionen? Welche Auswirkung hätte eine Veränderung des Smartphone-Konsums?"

In diesem achtsamen Zustand wirst du feststellen: Du reagierst nicht nur auf Reize von außen. Nein, du kannst aktiv mitbestimmen und dich hier und jetzt dafür entscheiden, wie du reagierst.

Die gute Nachricht: Achtsamkeit kann in jeder Sekunde deines Lebens geübt werden. Indem du gegenwärtig und präsent bist und dir bewusst machst, was du eben gerade machst. Und das Schöne daran ist, dass das Üben einen wunderbaren Nebeneffekt bietet: Ganz automatisch wirst du in immer mehr Lebensbereichen achtsamer und bewusster.

HOW TO:

> *Du nimmst einen Auslöser wahr, der dich zur Smartphone-Nutzung verleitet.*
> *Halte inne und nütze diesen Auslöser als Reflexions-Moment.*
> *Wechsle in eine Beobachterrolle – von dort fällt Reflexion leichter.*
> *Stelle dir selbst Fragen, um herauszufinden, was dein darunterliegendes Motiv für die Smartphone-Nutzung ist.*
> *Halte inne und hinterfrage, inwieweit dein gegenwärtiges Smartphone-Verhalten positiv zu deiner Lebensvision beiträgt?*

Inspiration für deinen Start

Du kennst nun einen Weg, wie du durch Selbstreflexion die Definition einer wertvollen Lebenszeit, Achtsamkeit aber auch technische Unterstützer, deinen Smartphone-Konsum bewusst und selbstbewusst gestalten kannst.

Mach nun deinen Weg daraus. Nimm all das mit, das sich für dich stimmig anfühlt, baue darauf auf und integriere es mit deinem persönlichen Stil. Dein Weg muss zu dir und deinen Lebensumständen passen. Aber du musst ihn gehen. Das Wissen zu haben reicht nicht aus. Es ist einfach zu wenig, um deine Lebensweise zu verändern.

Doch wieso ist Veränderung oftmals so schwer? Diese Frage wurde mir einmal von einer meiner Klientinnen gestellt. Viel habe ich danach darüber nachgedacht. Es stimmt, tiefliegende und automatisierte Muster zu verändern, kann oftmals mühsam sein. Aber muss es tatsächlich mit einer Schwere einhergehen? Genau das wollte ich für meine Realität nicht als die Wahrheit ansehen. Aber wie kann man nun Leichtigkeit in einen Veränderungsprozess bringen?

Für mich persönlich liegt der Schlüssel in der liebevollen Selbstannahme. Ich meine damit, anzunehmen, was ist und liebevoll mit sich selbst umzugehen. Es ist menschlich, dass wir nicht an jedem Tag gleich funktionieren. Mal wird dir die Umsetzung von deinen Vorhaben einfach gelingen, ein anderes Mal wirst du auf großen inneren Widerstand stoßen. Und an manchen Tagen wirst du eventuell sogar scheitern und anerkennen, dass sich deine Vorhaben gerade nicht umsetzen lassen.

Das soll kein Freifahrtschein dafür sein, dass du Veränderung gar nicht erst starten sollst. Nein, denn genau dazu lade ich dich hier ein. Aber es soll dich dazu ermutigen, liebevoll mit dir umzugehen. Vor allem dann, wenn du es gerade nicht schaffst, deine Pläne umzusetzen. Anstatt dich innerlich zu beschimpfen, kann es helfen, dir Verständnis und Mitgefühl entgegenzubringen. Dich zu fragen, weshalb die Umsetzung heute nicht geklappt hat und Ideen zu entwickeln, wie du zukünftig mit einer ähnlichen Situation umgehst.

> *Sei in einem Veränderungsprozess und überhaupt in jeder Lebenslage ein liebevoller und verständnisvoller Beobachter statt dein innerer härtester Kritiker.*

Bring Leichtigkeit in deinen Veränderungsprozess, indem du Selbstakzeptanz lebst. Indem du dich an allen Tagen so annimmst, wie du bist und handelst. Die Vergangenheit kannst du nicht mehr verändern. Wenn du soeben zwei Stunden auf deinen sozialen Netzwerken verbracht hast und von Profil zu Profil gesprungen bist, dann kannst du dies im Nachhinein nicht mehr ungeschehen machen. Es unterstützt dich auch nicht wirklich, wenn du dich für genau dieses Verhalten verurteilst.

Stattdessen kannst du annehmen, was gerade geschehen ist und Lust darauf haben, dich selbst besser zu verstehen. Was ist gerade passiert, dass du völlig die Zeit vergessen hast? Und wie kannst du dich beim nächsten Mal selbst daran erinnern, nach einer bestimmten Zeit die sozialen Netzwerke wieder zu verlassen?

Akzeptiere, was ist und überlege dir, was du in Zukunft in einer ähnlichen Situation brauchst. Das kann Leichtigkeit in deinen Veränderungsprozess bringen und du machst dir damit ein großes Geschenk: nämlich Selbstakzeptanz.

Entwickle deinen individuellen Plan für deine Smartphone-Transformation. Reflektiere, welche Maßnahmen zu dir passen und integriere sie in deinen Alltag. Beobachte dich in deinem Denken und Handeln und erinnere dich regelmäßig daran, warum du dich auf diese Reise begeben hast. Sei dein eigener liebevoller Begleiter.

Deine Zeit
ist wertvoll

So viele Worte über unser Smartphone-Verhalten: Aber wieso macht es nun Sinn, den eigenen Smartphone-Konsum zu hinterfragen? Eventuell gibst du dir hier deine persönliche und individuelle Antwort. Für mich geht es beim Hinterfragen meines Smartphone-Verhaltens darum, dass ich meine Lebenszeit wertschätze, statt mich laufend von meinen wichtigen Prioritäten abzulenken und meine Lebenszeit teilweise zu vergeuden. In mehreren Kapiteln dieses Buches führten wir gemeinsam ein Gedankenexperiment durch. Wir reisten in deine Zukunft. Zu jenem Tag, an dem du deinen 96-igsten Geburtstag feierst. Führe dir genau dieses Bild vor Augen. Hier sitzt du also: älter, mit grauen, gefärbten oder keinen Haaren.

An dieser Stelle wünsche ich dir von Herzen, dass sich ein großes Lächeln über dein Gesicht zaubert. Du lächelst, weil du mit Zufriedenheit behaupten kannst: Du hast deine Träume verwirklicht, lebst diese noch immer und freust dich über dein erfülltes Leben.

Auf keinen Fall will ich behaupten, dass ein Leben perfekt verlaufen muss, um es im hohen Alter zu würdigen. Höhen und auch Tiefen gehören zum Abenteuer Leben. Viel wichtiger finde ich, dass du dir über dein Wirken bewusst bist und du auf deine Bedürfnisse achtest sowie deinem Leben einen Sinn gibst, der dich zufrieden sein lässt.

Um die Worte von Viktor E. Frankl zu zitieren: „Die geistige Freiheit des Menschen, die man ihm bis zum letzten Atemzug nicht nehmen kann, lässt ihn auch noch bis zum letzten Atemzug Gelegenheit finden, sein Leben sinnvoll zu gestalten."

Du entscheidest, wie du im hohen Alter auf dein Leben zurückblickst. Im Endeffekt triffst du diese Entscheidung tagtäglich: Lässt du dich von außen leiten, willst du den Bedürfnissen anderer Personen gerecht werden und lebst ein Leben, das deinen Vorstellungen im Grunde wenig entspricht?

Oder gestaltest du dein Leben aktiv, nimmst Einfluss, bist dir deiner Bedürfnisse bewusst und lebst deine Zeit sinnerfüllt und deinen Vorstellungen und Wünschen entsprechend?

Und genau zu dieser Entscheidung trägt auch dein Smartphone-Verhalten bei. Zugegeben, es ist nicht der einzige Faktor, der zählt. Nur weil du bewusst mit deinem Smartphone umgehst, heißt es zum Beispiel noch lange nicht, dass du dein Leben nicht nach Vorstellungen anderer Personen auslegst. Wenn man jedoch bedenkt, welche wesentliche Rolle das Smartphone in unserem Leben eingenommen hat, wird vermutlich schnell klar: Ein bewusster Smartphone-Konsum kann dazu beitragen, selbstbestimmter zu leben, mehr Zeit für sich und die eigenen Bedürfnisse zu haben und sich weniger vom Außen leiten zu lassen.

Was zählt wirklich für dich?

Was wirklich zählt, ist für jeden von uns individuell. Für die meisten von uns wird das Smartphone einen wichtigen Stellenwert einnehmen. Das ist auch gut so.

Ein bewusster und selbstbestimmter Smartphone-Konsum soll sich nicht darin ausdrücken, dass du ab sofort dein Smartphone verteufelst oder gar aus deinem Leben verbannst.

Nein. Nutze das Smartphone für all das, wo es dich unterstützt oder inspiriert. Gleichzeitig möchte ich jedoch immer im Hinterkopf behalten, was für mich wirklich zählt.

Für mich zählt es, den Moment im Hier und Jetzt zu genießen, statt ständig das Gefühl zu haben, überall parallel sein zu müssen. Das Leben findet im Hier und Jetzt statt. Das ist der Ort, an dem ich mit beiden Füßen gerade den Boden berühre. Und genau diesen Moment will ich wahrnehmen und auskosten.

Für mich zählt es auch, Gespräche führen zu können. Dabei meine ich Gespräche, bei denen ich tatsächlich präsent bin und dem Gegenüber meine ungeteilte Aufmerksamkeit schenke. Und nicht Gespräche, die ich nur mit einem Ohr verfolge, da ich zeitgleich Nachrichten am Smartphone beantworte.

Und für mich zählt es auch, mich selbst wertzuschätzen. Mir meiner Einzigartigkeit bewusst zu sein, statt mich mit Personen zu vergleichen, die online ihr scheinbar perfektes Leben präsentieren. Die Vergleichsmöglichkeiten sind heutzutage grenzenlos und nur selten sind sie unserem Selbstwert dienlich. Ich möchte unrealistische Ansprüche loslassen, die mir über das Internet suggeriert werden und stattdessen meine Individualität leben.

Was ist es, das für dich zählt? Ich bin mir sicher, dass du diese Liste noch weiterführen kannst. In meinen Augen gibt es viel, das mehr zählt als ein perfekter Online-Auftritt, eine große Online-Reichweite, das ständige Checken von Nachrichten oder dauerndes Online-Sein.

In einer Welt, wo wir uns bewusstwerden, was für uns tatsächlich zählt und womit wir unsere Lebenszeit vollständig auskosten, ist das Smartphone unser Wegbegleiter. Wir nützen das Smartphone als Werkzeug und Unterstützer. Es ebnet uns den Weg, damit wir unsere Aufmerksamkeit unseren eigentlichen Lebens-Prioritäten schenken können.

Ein menschliches Zukunftsszenario

Ich sehe Zukunftsszenarien vor mir, wo wir digitale Medien bewusst und selbstbestimmt nützen. Wir erkennen an, dass unser Smartphone-Verhalten sehr wohl einen Einfluss auf unser Denken, Handeln und Leben hat. Und genau deshalb entscheiden wir uns, digitale Medien zur Unterstützung unseres eigenen Wohls sowie unseres Lebenssinns zu verwenden und nicht umgekehrt.

Dank deines bewussten Umgangs mit dem Leben und dem Smartphone, gibst du genau das auch an die heranwachsenden Generationen weiter. Kinder verstehen, dass es im Leben um mehr geht als das Klicken, Liken und sich selbst zu präsentieren. Sie verstehen es, da es ihnen vorgelebt wird.

Und unsere nächste Generation wird heranwachsen, während sie ihre Lebenszeit bewusst gestaltet. Eines Tages werden Kinder von damals selbst zu Eltern werden. Durch das Vorleben werden ihre Kinder bereits miterleben, was es heißt, das Smartphone selbstbestimmt zu verwenden.

Erkennst du dein Wirken und deine Rolle in diesem Kreislauf? Wenn du dein Leben und dein Smartphone-Verhalten sinnzentriert und selbstbestimmt ausrichtest, ändert sich nicht nur dein eigenes Leben. Es transformiert das Leben nächster Generationen und hat einen Einfluss auf mehr Menschen als dir in diesem Moment vermutlich bewusst ist.

In dieser Welt will ich leben

Und stell dir vor, mehr und mehr Menschen leben nach diesen Vorstellungen. Mal dir aus, viele Menschen leben ihre Leidenschaft, sprühen vor Lebensfreude und basteln an ihren Träumen. Wie würde die Welt dann aussehen?

Ich glaube daran, dass genau diese Welt existieren kann. Und ich glaube, dass du und ich dazu beitragen können. Und genau in dieser Welt will ich leben und meine Kinder aufwachsen sehen.

Ich wünsche dir von ganzem Herzen, dass all das für dich in Erfüllung geht. Denn du bist hier, um deine persönlichen Träume in die Realität umzusetzen und damit durch dein Leben zu inspirieren.

Literatur

BAUER, Joachim; Prinzip Menschlichkeit: Warum wir von Natur aus kooperieren. Wilhelm Heyne Verlag 2014.

BREWER, Judson; Das gierige Gehirn: Der achtsame Weg, Alltagssüchte loszuwerden. Kösel-Verlag 2018.

CARTER, Rita; Das Gehirn. DK Penguin Random House 2019.

COLLIN, Catherine; Benson, Nigel; Ginsburg, Joannah; Grand, Voula; Lazyan, Merrin; Weeks, Marcus: Das Psychologie-Buch. Dorling Kindersely Limited, London 2012.

COVEY, Stephen, R; The 7 habits of highly effective people: Powerful lessons in personal change. Pocket Books 2004.

CSIKSZENTMIHALYI, Mihaly: Flow im Beruf, Das Geheimnis des Glücks am Arbeitsplatz. Klett-Cotta 2004.

DIEFENBACH, Sarah; Ullrich, Daniel; Digitale Depression: Wie neue Medien unser Glücksempfinden verändern. mvg Verlag 2016.

DOVE, Pragito: Erleuchtung in der Mittagspause: 50 Entspannungsübungen und Meditationen. Ullstein List Verlag GmbH & Co KG 2007.

DUHIGG, Charles; The Power of Habit: Why we do what we do in life and business. Random House Trade Paperbacks 2014.

EYAL, Nir; Hooked: Wie Sie Produkte erschaffen, die süchtig machen. Redline Verlag 2014.

FRANK, Gunter; Storch, Maja: Die Mañana-Kompetenz, Auch Powermenschen brauchen Pause. Piper Verlag GmbH 2017.

FRANKL, Viktor E.; …trotzdem Ja zum Leben sagen. Ein Psychologe erlebt das Konzentrationslager. Deutscher Taschenbuch Verlag GmbH & Co. KG 2008.

KÜSTENMACHER, Werner Tiki: Limbi, Der Weg zum Glück führt durchs Gehirn. Campus Verlag GmbH 2014.

LEMBKE, Gerald; Leipner, Ingo: Die Lüge der digitalen Bildung, Warum unsere Kinder das Lernen verlernen. Redline Verlag 2020.

LUKAS, Elisabeth; Den ersten Schritt tun. Kösel-Verlag 2008.

MARKOWETZ, Alexander: Digitaler Burnout. Warum unsere permanente Smartphone-Nutzung gefährlich ist. Knaur Verlag 2015.

NEWPORT, Cal; Konzentriert arbeiten: Regeln für eine Welt voller Ablenkung. Redline Verlag 2017.

REITER, Markus: Gehirn. Philipp reclam jun. GmbH & Co. KG 2018.

ROCK, David: Brain at Work: Intelligenter arbeiten, mehr erreichen. Campus Verlag GmbH 2011.

SPITZER, Manfred; Die Smartphone-Epidemie: Gefahren für Gesundheit, Bildung und Gesellschaft. Klett-Cotta 2018/2019.

SPITZER, Manfred; Herschkowitz, Norbert: Wie Kinder denken lernen: Die kognitive Entwicklung vom 1. bis 12. Lebensjahr. mvg Verlag 2019.

WALKER, Matthew; Das große Buch vom Schlaf: Die enorme Bedeutung des Schlafs. Wilhelm Goldmann Verlag 2018.

WILLIAMS, Mark; Penman, Danny; Das Achtsamkeitstraining: 20 Minuten täglich, die Ihr Leben verändern. Wilhelm Goldmann Verlag 2015.

YAZDI, Kurosch; Junkies wie wir: Spielen. Shoppen. Internet. Was uns und unsere Kinder süchtig macht. Edition a 2013.

ZEHENTBAUER, Josef; Körpereigene Drogen: Garantiert ohne Nebenwirkungen. Walter Verlag 2010.